Nas fronteiras do Além

Hermínio C. Miranda

Nas fronteiras do Além

Copyright © 1993 *by*
FEDERAÇÃO ESPÍRITA BRASILEIRA – FEB

5ª edição – Impressão pequenas tiragens – 7/2025

ISBN 978-85-7328-329-7

Todos os direitos reservados. Nenhuma parte desta publicação pode ser reproduzida, armazenada ou transmitida, total ou parcialmente, por quaisquer métodos ou processos, sem autorização do detentor do *copyright*.

FEDERAÇÃO ESPÍRITA BRASILEIRA – FEB
SGAN 603 – Conjunto F – Avenida L2 Norte
70830-106 – Brasília (DF) – Brasil
www.febeditora.com.br
editorial@febnet.org.br
+55 61 2101 6161

Pedidos de livros à FEB
Comercial
Tel.: (61) 2101 6161 – comercial@febnet.org.br

Adquirindo esta obra, você está colaborando com as ações de assistência e promoção social da FEB e com o Movimento Espírita na divulgação do Evangelho de Jesus à luz do Espiritismo.

Dados Internacionais de Catalogação na Publicação (CIP)
(Federação Espírita Brasileira – Biblioteca de Obras Raras)

M672f	Miranda, Hermínio Corrêa de, 1920–2013
	Nas fronteiras do além / Hermínio C. Miranda. – 5. ed. – Impressão pequenas tiragens – Brasília: FEB, 2025.
	258 p.; 21cm – (Coleção Hermínio Miranda)
	ISBN 978-85-7328-329-7
	1. Espiritismo. I. Federação Espírita Brasileira. II. Título. III. Coleção.
	CDD 133.9 CDU 133.7 CDE 80.01.00

SUMÁRIO

Fronteiras dimensionais 7
1. A obra de Kardec e Kardec diante da obra 11
2. O tempo, o preconceito e a humildade 23
3. O Conde de Rochester 39
4. Assombração: um fenômeno muito sério 63
   (I) 63
   (II) 78
   (III) 84
   (IV) 93
5. Médium em conflito 113
6. Os cátaros, o amor e a reencarnação 129
7. A perigosa brincadeira do copo 147
8. Bridey Murphy: uma reavaliação 159
9. O mito do materialismo 177
10. O fantasma do voo 401 201
11. Fronteiras espírito/matéria 221
12. "Xerox" de gente 241

FRONTEIRAS DIMENSIONAIS

Vivemos em espaços demarcados por fronteiras, não apenas geográficas e políticas, mas culturais, religiosas, éticas, sociais, físicas e cósmicas, bem como espirituais. Muita coisa no processo evolutivo tem a ver com a maneira segundo a qual reagimos (ou não) às fronteiras invisíveis. Para muitos, elas constituem limites intransponíveis; para outros, não passam de acidentes irrelevantes a serem considerados com indiferença ou desatenção, como se nada houvesse por lá; há quem as contemple sob a pressão do terror, bem como aqueles que as tomam como desafio a enfrentar, enigma a desvendar, território a explorar, rumo a uma expansão do conhecimento.

O ser humano costuma ser bastante cioso de seu espaço, isolando-o tanto quanto possível, com bem demarcados, protegidos e vigiados limites, atento a qualquer interferência ws não se ocupou de tais exclusividades, de vez que colocou todo o cosmos à nossa disposição. Limites? Nenhum, senão os nossos próprios. A partir do momento em que nos sentimos preparados para explorar a Lua, nenhum poder ou lei surgiu para impedi-lo. Daqui mais um pouco poderemos estar navegando rumo a planetas vizinhos e, mais tarde, na direção de galáxias mais próximas, à medida que a tecnologia for removendo os obstáculos naturais que tais projetos enfrentam.

No entanto, nenhuma expedição desse porte, que se saiba, foi ou está sendo planejada para ultrapassar as fronteiras do Além e observar como vivem lá os seres que nos precederam na jornada... Como escreveu Teilhard de Chardin, em *O fenômeno humano*, esse é um aspecto do ser humano que a Ciência resolveu ignorar provisoriamente. Por quanto tempo, não se sabe.

Se, contudo, muita gente resolveu ignorar tais fronteiras, os habitantes do lado de lá cuidam de se fazer conhecidos por aqui, interferindo, às vezes sem muita cerimônia, com as coisas do nosso plano. É o que vemos em alguns textos deste livro. Como o estudo acerca das assombrações, no qual Ernesto Bozzano relata as incríveis estripulias desencadeadas por Espíritos dispostos a tudo para levarem o pânico a famílias inteiras.

De outras vezes, as "assombrações" mostram a face benigna, como o grupo de entidades recém-desencarnadas que voltaram ao sofisticado ambiente tecnológico da moderna aviação civil para evitar que os jatões se precipitassem ao solo por motivo fútil, como o Jumbo L-1011, que despencou, em 1972, sobre o pantanal do Everglade, nas vizinhanças de Miami. Leia, a respeito, *O fantasma do voo 401*.

Vemos, também, o meticuloso planejamento e o competente desdobramento do projeto desenhado na dimensão espiritual para levar ao Dr. Arthur Guirdham, médico britânico, a documentada notícia de que ele fora um antigo *Parfait* (sacerdote) cátaro, no século XIII, e que alguns de seus companheiros e companheiras daquela época estavam também reencarnados não muito distantes dele, na Inglaterra contemporânea.

Tem acontecido, ainda, que em vez de termos as fronteiras atravessadas de lá para cá, onde nos encontramos, os encarnados, nós é que tentamos — nem sempre com muito êxito — descobrir o que se passa por lá. É o que se pode concluir do trabalho amadorístico de Morey Bernstein, que topou, meio sem querer, com uma menina irlandesa do século XIX, por nome Bridey Murphy, numa regressão de memória com uma jovem senhora americana, na década de 1950. Seu livro, lançado em 1956, teve, contudo, o mérito de levar a questão das vidas sucessivas às manchetes, suscitando um desesperado (e inútil) esforço da mídia para desmentir tudo.

Ou, então, a dramática narrativa de David M. Rorvik, que explora as possibilidades de criar-se uma espécie de "xerox" de gente.

Veja, ainda, quem foi e o que fez John Wilmot, o Conde de Rochester, que tem fascinado mais de uma geração de leitores, interessados nos seus movimentados romances mediúnicos.

Como se pode ver, portanto, há fronteiras que não separam as regiões; ao contrário, parecem uni-las. Lá estão sem fortificações, sem tropas e sem alfândega, abertas, portanto, à nossa exploração, a fim de que possamos saber um pouco do território cósmico do qual viemos e ao qual poderemos regressar, a qualquer momento.

Ah, ia me esquecendo: não é necessário passaporte, mas contrabando, nem pensar, viu? Mesmo porque a bagagem material, seja qual for, fica do lado de cá. Só cruzamos as fronteiras com a bagagem moral, se é que cuidamos dela por aqui, enquanto foi tempo.

HERMÍNIO C. MIRANDA

Rio de Janeiro, abril de 1994.

1

A OBRA DE KARDEC E KARDEC DIANTE DA OBRA

Sempre haverá muito que aprender na obra de Allan Kardec, não apenas aqueles que se iniciam no estudo da Doutrina Espírita, como também os que dela já têm conhecimento mais profundo. Isso porque os livros que divulgam ideias construtivas — e especialmente ideias novas — nunca se esgotam como fonte da qual fluem continuamente motivações para novos arranjos e, portanto, de progresso espiritual, sem abandonar a contextura filosófica sobre a qual se apoiam. Para usar linguagem e terminologia essencialmente espíritas, diríamos que o perispírito da Doutrina permanece em toda a sutileza e segurança de sua estrutura, ao passo que o espírito da Doutrina segue à frente, em busca de uma expansão filosófica, sujeito que está em constante embate com a tremenda massa de informação que hoje nos alcança, vinda de todos os setores da especulação humana. De fato, a Doutrina Espírita está exposta às mais rudes confrontações, por todos os seus três flancos ao mesmo tempo: o filosófico, o científico e o religioso. A cada novo pronunciamento significativo da Filosofia, da Ciência ou da especulação religiosa, a Doutrina se entrega a um processo introspectivo de autoanálise para verificar como se saiu da escaramuça. Isso tem feito repetidamente e num ritmo cada vez mais vivo, durante mais de um século. E com enorme satisfação, podemos verificar que nossas posições se revelaram inexpugnáveis. Até mesmo ideias e conceitos em que a Doutrina se antecipou aos tempos começam a receber a estampa confirmatória das conquistas intelectuais, como, para citar apenas dois exemplos, a reencarnação e a pluralidade dos mundos habitados. Poderíamos citar ainda a existência do perispírito, que vai cada dia mais tornando-se uma necessidade científica, para explicar fenômenos que a Biologia clássica não consegue entender. Quando abrimos hoje revistas, jornais e livros sintonizados com as mais avançadas pesquisas e damos com o nome de importantes cientistas examinando a sério a doutrina palingenésica ou a existência de vida inteligente fora da Terra, somos tomados por um legítimo sentimento de segurança e de crescente respeito pelos postulados da Doutrina que os Espíritos vieram trazer-nos. Tamanha era a certeza de Kardec sobre tais aspectos que escreveu que o Espiritismo se modificaria nos pontos em que entrasse em conflito com os fatos científicos devidamente comprovados.

 Essa observação do Codificador, que poderia parecer a muitos a expressão de um receio ou até mesmo uma gazua para eventual saída honrosa, foi, ao contrário, uma declaração corajosa de quem pesou bem a importância do que estava dizendo e projetou sobre o futuro a sua própria responsabilidade. O tempo deu-lhe a resposta que ele antecipou: não, não há o que reformular, mas se algum dia houver, será em aspectos secundários da Doutrina e jamais nas suas concepções estruturais básicas, como a existência de Deus, a sobrevivência do Espírito, a reencarnação e a comunicabilidade entre vivos e mortos.

O que acontece é que a Doutrina Codificada não responde *a todas* as nossas indagações, e nem as de Kardec foram todas resolvidas nos seus mínimos pormenores e implicações. *O Livro dos Espíritos* é um repositório de princípios fundamentais, do qual emergem inúmeras "tomadas" para outras tantas especulações, conquistas e realizações. Nele estão os germes de todas as grandes ideias que a Humanidade sonhou pelos tempos afora, mas os Espíritos não realizam por nós o nosso trabalho. Em nenhum outro cometimento humano vê-se tão claramente os sinais de uma inteligente, consciente e preestabelecida coordenação de esforços entre as duas faces da vida — a encarnada e a desencarnada. Tudo parece — e assim o foi — meticulosamente planejado e escrupulosamente executado. A época era aquela mesma, como também o meio ambiente e os métodos empregados. Para a carne vieram os Espíritos incumbidos das tarefas iniciais e das que se seguiriam, tudo no tempo e no lugar certos. Igualmente devem ter sido levadas em conta a fragilidade e as imperfeições meramente humanas, pois que também alternativas teriam sido planejadas com extremo cuidado. Há soluções opcionais para eventuais falhas, porque o trabalho era importante demais para ficar ao sabor das imperfeições humanas e apoiado apenas em dois ou três seres, por maiores que fossem. Ao próprio Kardec, o Espírito da Verdade informa que é livre para aceitar ou não o trabalho que lhe oferecem. O eminente professor é esclarecido, com toda a honestidade e sem rodeios, que a tarefa é gigantesca e, como ser humano, seria arrastado na lama da iniquidade, da calúnia, da mentira, da infâmia. Que todos os processos são bons para aqueles que se opõem à libertação do homem. Que ele, Kardec, poderia também falhar. Seu engajamento seria, pois, de sua livre escolha e que, se recusasse a tarefa, outros havia em condições de levá-la a bom termo.

O momento é dramático. É também a hora da verdade suprema, pois o plano de trabalho não poderia ficar comprometido por atitudes dúbias e meias palavras. Aquilo que poderia parecer rudeza de tratamento é apenas ditado pela seriedade do trabalho que se tinha a realizar no plano humano. Kardec aceitou a tarefa e arrostou, com a bravura que lhe conhecemos, a dureza das aflições que sobre ele desabaram, como estava previsto. Tudo lhe aconteceu como anunciado; os amigos espirituais seriam incapazes de glamorizar a sua colaboração e minimizar as dificuldades apenas para induzi-lo a aceitar a incumbência.

Por outro lado, se ele era, entre os homens, o chefe do movimento, pois alguém tinha que o liderar, compreendeu logo que não era o *dono* da Doutrina e jamais desejou sê-lo. Quando lhe comunicam que foi escolhido para esse trabalho gigantesco, sente com toda a nitidez e humildade a grandiosidade da tarefa que lhe oferecem e declara que de simples adepto e estudioso a missionário e chefe vai uma distância considerável, diante da qual ele medita, não propriamente temeroso, mas preocupado, dado que era homem de profundo senso de responsabilidade. Do momento em que toma a incumbência, no entanto, segue em frente com uma disposição e uma coragem inquebrantáveis.

Esse aspecto da sua atuação jamais deve ser esquecido — a consciência que tem da sua posição de coordenador do movimento e não de seu criador. Não deseja que a doutrina nascente seja ligada ao seu nome. Apaga-se deliberada e tenazmente para que a obra surja como planejada, isto é, uma doutrina formulada pelos Espíritos e transmitida aos homens pelos Espíritos, contida numa obra que fez questão de intitular *O Livro dos Espíritos*. Por outro lado, não é intenção dos mensageiros espirituais — ao que parece — ditar um trabalho pronto e acabado, como um *flash* divino, de cima para baixo. Deixam a Kardec a iniciativa de elaborar as perguntas e conceber não a essência do trabalho, mas o plano geral da sua apresentação aos homens. A obra não deve ser um monólogo em que seres superiores pontificam eruditamente sobre os grandes problemas do ser e da vida; é um diálogo no qual o homem encarnado busca aprender com irmãos mais experimentados novas dimensões da verdade. É preciso, pois, que as questões e as dúvidas sejam levantadas do ponto de vista humano, para que o mundo espiritual as esclareça na linguagem simples da palestra, dentro do que hoje se chamaria o contexto da psicologia específica do ser encarnado. Por isso, Kardec não se julga o criador da Doutrina, mas é infinitamente mais do que um mero copista ou um simples colecionador de pensamentos alheios. Deseja apagar-se individualmente para que a obra sobreleve às contingências humanas; a Doutrina não deve ficar "ligada" ao seu nome pessoal como, por exemplo, a do super-homem a Nietzsche, o islamismo a Maomé, o positivismo a Auguste Comte ou a teoria da relatividade a Einstein; é, no entanto, a despeito de si mesmo, mais do que simples colaborador, para alcançar o estágio de um coautor quanto ao plano expositivo e às obras subsequentes. Os Espíritos deixam-lhe a iniciativa da forma de apresentação. A princípio, nem ele mesmo percebe que já está elaborando *O Livro dos Espíritos*; parece-lhe estar apenas procurando respostas às suas próprias interrogações. Homem culto, objetivo, esclarecido e com enormes reservas às doutrinas religiosas e filosóficas da sua época, tem em mente inúmeras indagações para as quais ainda não encontrara resposta. Ao mesmo tempo em que vai registrando as observações dos Espíritos, vai descobrindo um mundo inteiramente novo e insuspeitado e tem o bom-senso de não se deixar fascinar pelas suas descobertas.

É, pois, ao sabor de sua controlada imaginação que organiza o esquema das suas perguntas e quando dá conta de si tem anotações metódicas, lúcidas, simples de entender e, no entanto, do mais profundo e transcendental sentido humano.

Sem o saber, havia coligido um trabalho que, pela sua extraordinária importância, não poderia ficar egoisticamente preso à sua gaveta; era preciso publicá-lo e isso mesmo lhe dizem os Espíritos. Assim o fez e sabemos de sua surpresa diante do sucesso inesperado da obra.

Daí em diante, isto é, a partir de *O Livro dos Espíritos*, seus amigos assistem-no, como sempre o fizeram, mas deixam-no prosseguir com a sua própria metodologia, e nisso também ele era mestre consumado, por séculos de experiência didática. As obras subsequentes da Codificação não surgem mais do diálogo direto com os Espíritos, e sim das especulações e conclusões do próprio Kardec, sem jamais abandonar, não obstante, o gigantesco painel desenhado a quatro mãos em *O Livro dos Espíritos*.

Conversando uma vez, em nosso grupo, sobre o papel de certos Espíritos na história, disse-nos um amigo espiritual que é muito importante para todos nós o trabalho daqueles a quem ele chamou *Espíritos ordenadores*. São os que vêm incumbidos de colocar em linguagem humana, acessível, as grandes ideias. Sem eles, muito do que se descobre, se pensa e se realiza ficaria perdido no caos e na ausência de perspectiva e hierarquia. São eles — Espíritos lúcidos, objetivos e essencialmente organizadores — que disciplinam as ideias, descobrindo-lhes as conexões, implicações e consequências, colocando-as ordenadamente ao alcance da mente humana, de modo facilmente acessível e assimilável, sob a forma de novas sínteses do pensamento. São eles, portanto, que resumem um passado de conquistas e preparam um futuro de realizações. Sem eles, o conhecimento seria um amontoado caótico de ideias que se contradizem, porque invariavelmente vem joio com o trigo, na colheita, e ganga com ouro, na mineração. São eles os faiscadores que tudo tomam, examinam, rejeitam, classificam e colocam no lugar certo, no tempo certo, altruisticamente, para que quem venha depois possa aproveitar-se das estratificações do conhecimento e sair para novas sínteses, cada vez mais amplas, mais nobres, mais belas, *ad infinitum*.

Allan Kardec é um desses Espíritos. Não diremos que seja um privilegiado, porque essa classificação implica ideia de prerrogativa mais ou menos indevida e as suas virtudes são conquistas legítimas do seu espírito, amadurecidas ao longo de muitos e muitos séculos no exercício constante de uma aguda capacidade de julgamento — é, pois, um direito genuinamente adquirido pelo esforço pessoal do espírito e não uma concessão arbitrária dos poderes superiores da vida. O trabalho que realizou pela Doutrina Espírita é de inestimável relevância. Para avaliar a sua importância basta que nos coloquemos, por alguns instantes, na posição em que ele estava nos albores do movimento. Era um homem de 50 anos, professor e autor de livros didáticos. Sua atenção é solicitada para os fenômenos, mas ele não é de entregar-se impulsivamente aos seus primeiros entusiasmos. Quer ver primeiro, observar, meditar e concluir, antes de um envolvimento maior. Quando recebe a incumbência e percebe o vulto da tarefa que tem diante de si, nem se intimida, nem se exalta. É preciso, porém, formular um plano de trabalho. Por onde começar? Que conceitos selecionar? Que ideias têm precedência sobre outras? Serão todas as comunicações autênticas? Será que os Espíritos sabem de tudo? Poderão dizer tudo o que sabem?

É tudo novo, tudo está por fazer e já lhe preveniram que o mundo vai desabar sobre ele. O cuidado tem de ser redobrado, para que o edifício da Doutrina não tenha uma rachadura, uma fresta, um ponto fraco, uma imperfeição; do contrário, poderá ruir, sacrificando toda a obra. Os representantes das trevas estão atentos e dispostos a tudo. Os Espíritos o ajudam, o inspiram e o incentivam, embora sejam extremamente parcimoniosos em elogios e um tanto enérgicos nas advertências. Quando notam um erro de menor importância numa exposição de Kardec, não indicam o ponto fraco; limitam-se a recomendar-lhe que releia o texto, que ele próprio encontrará o engano. Do lado humano, encarnado, da vida, é um trabalho solitário. Não tem a quem recorrer para uma sugestão, um conselho, um debate. Os amigos espirituais somente estão à sua disposição por algum tempo, restrito, sob limitadas condições, durante as horas que consegue subtrair ao seu repouso, porque as outras são destinadas a ganhar a vida, na dura atividade de modesto guarda-livros.

Sem dúvida alguma, trata-se de um trabalho de equipe, tarefa pioneira, reformadora, construtora de um novo patamar para a escalada do ser na direção de Deus. As velhas doutrinas religiosas não satisfazem mais, a Filosofia anda desgovernada pelos caminhos da negação, e a Ciência desgarrada de tudo, aspirando ao trono que o dogmatismo religioso deixou vago. No meio de tudo isso, o homem que pensa e busca um sentido para a vida se atormenta e se angustia, porque não vê suporte em que escorar sua esperança. A nova doutrina vem trazer-lhe o embasamento que faltava, propor uma total reformulação dos conceitos dominantes. Ciência e Religião não se eliminam, como tantos pensavam; ao contrário, se completam, coexistindo com a Filosofia. O homem que raciocina também pode crer e o crente pode e deve exercer, em toda a extensão, o seu poder de análise e de crítica. Isso não é apenas tolerado, senão estimulado, pois entende Kardec que a fé só merece confiança quando passada pelos filtros da razão. Se não passar, é espúria e deve ser rejeitada.

Concluindo, assim, o trabalho que lhe competia junto aos Espíritos, ainda lhe resta muito a fazer, e o tempo urge. Incumbe-lhe agora inserir a nova doutrina no contexto do pensamento de seu tempo — como se diria hoje. Terminou o recital a quatro mãos e começa o trabalho do solista, porque o mestre ainda está sozinho entre os homens, embora cercado do carinho e da amizade de seus companheiros espirituais. Atira-se, pois, ao trabalho. A luz do seu gabinete arde até altas horas da noite. É preciso estudar e expor aos homens os aspectos experimentais implícitos na Doutrina dos Espíritos. Desses aspectos, o mais importante, sem dúvida, é a prática da mediunidade, instrumento de comunicação entre os dois mundos. Sem um conhecimento metodizado da faculdade mediúnica, seria impossível estabelecer as bases experimentais da Doutrina. Daí, *O Livro dos Médiuns*.

Em seguida, é preciso dotar o Espiritismo de uma estrutura ética. Não é necessário criar uma nova moral; já existe a do Cristo. O trabalho é enorme e exige tudo de seu notável poder ordenador. É que o ensinamento de Jesus, com a passagem dos séculos e ao sopro de muitas paixões humanas, ficara soterrado em profunda camada de impurezas. Kardec decidiu reduzir ao mínimo os atritos e controvérsias, buscando nos Evangelhos apenas o ensinamento moral, sem se deter, portanto, na análise dos milagres, nem dos episódios da vida pública do Cristo, ou dos aspectos que foram utilizados para a elaboração dos dogmas. Dentro dessa ideia diretora, montou com muito zelo e amor *O Evangelho segundo o Espiritismo*. O problema dos dogmas — pelo menos os principais — ficaria para *O Céu e o Inferno*, e sobre as questões científicas ainda voltaria a escrever em *A Gênese*.

E assim concluía mais uma etapa da sua tarefa. O começo, onde andaria? Em que tempo e em que ponto cósmico? Era — e é — um espírito reformador, ordenador, preparador de novas veredas. A continuação, seus amigos espirituais deixaram-no entrevê-la ao anunciar-lhe que se aproximava o término da existência terrena, mas não dos seus encargos: voltaria *encarnado noutro corpo*, lhe disseram, para dar prosseguimento ao trabalho. Ainda precisavam dele e cada vez mais. Nada eram as alegrias que experimentava ao ver germinar as sementes que ajudara a semear; aquilo eram apenas os primeiros clarões de uma nova madrugada de luz. Quando voltasse, teria a alegria imensa de ver transformadas em árvores majestosas as modestas sementeiras das suas vigílias, regadas por muitas dores. Não seria mais o vulto solitário a conversar com os Espíritos e a escrever no silêncio das horas mortas — teria companheiros espalhados por toda a Terra, entregues ao mesmo ideal supremo de trabalhar sem descanso na seara do Cristo, cada qual na sua tarefa, conforme seus recursos, possibilidades e limitações, dado que o trabalho continua entregue a equipes, em que o personalismo não pode ter vez para que as paixões humanas não o invalidem.

"De modo que" — dizia Paulo — "nem o que planta é alguém, nem o que rega, senão Deus que a faz crescer. E o que planta e o que rega são iguais; se bem que cada um receberá o seu salário segundo seu próprio trabalho, já que somos colaboradores de Deus e vós, campo de Deus, edificação de Deus." (*I Coríntios*, 3:7 a 9.) Trabalhadores de Deus desejamos ser e o seremos toda vez que apagarmos o nosso nome na glória suprema do anonimato, para que o nosso trabalho seja de Deus, que faz germinar a semente e crescer a árvore, e não nosso, que apenas confiamos a semente ao solo. Somos portadores da mensagem, não seus criadores, porque nem homens nem Espíritos criam; apenas descobrem aquilo que o Pai criou.

São essas as dominantes do Espírito Kardec. Sua vitória é a vitória do equilíbrio e do bom-senso, é a vitória do anonimato e da humildade, notável forma de humildade que não se anula, mas que luta e vence. Como figura humana, nem sequer aparece nos livros que relatam a saga humana. Para o historiador leigo, quem foi Kardec? Seu próprio nome civil, Hippolyte-Léon Denizard Rivail, ele o apagou para publicar seus livros com o nome antigo de um obscuro sacerdote druida.

De modo que não é somente a obra realizada por Kardec que devemos estudar, é também sua atitude perante a obra, porque tudo neste Espírito é uma lição de grandeza em quem não deseja ser grande.

2

O TEMPO, O PRECONCEITO E A HUMILDADE

"O maior amigo da verdade" — escreveu Colton — "é o tempo; seu maior inimigo, o preconceito, e sua constante companheira, a humildade." O pensamento do obscuro escritor aplica-se com extraordinária propriedade ao estudo que o Barão de Guldenstubbé intitulou *La Realité des Esprits*.[1] O tempo confirmou a verdade que ele pesquisou e o preconceito foi seu inimigo, porque ele recusou a companhia da humildade ao demonstrar o fenômeno da escrita direta.

Fascinado pela espetaculosidade do seu achado, concluiu que havia descoberto a verdade absoluta:

— Somente a escrita direta do mundo póstumo nos revela a realidade do mundo invisível, de onde promanam as revelações religiosas e os milagres.

---

[1] *Librairie des sciences psychologiques*, Paris, 1889.

A primeira edição do livro é de 1857, ano em que Allan Kardec também publicou *O Livro dos Espíritos*, nove anos após o mundo espiritual ter desencadeado o processo da revelação moderna com os acontecimentos de Hydesville, nos Estados Unidos. É certo, porém, que o fenômeno por si mesmo não constitui uma filosofia; ele a suporta, fornece os dados, apresenta os fatos sobre os quais o homem constrói suas inferências e conclusões. O fenômeno não conclui por nós; ele é. Quando o encontramos, ele nos puxa pela manga e nos diz: "Olhe para mim!", mas não nos impõe que fiquemos com ele ou que o levemos conosco; podemos livremente continuar seguindo pelos caminhos da ignorância. Nunca vimos isso de maneira tão dramática senão quando o movimento espírita "deslanchou", do lado de cá da vida, sob o comando dos nossos amigos invisíveis. A mais ampla gama de fenômenos insólitos foi distribuída a todos. Quem quis ver viu, mas só os que tinham olhos de ver foram capazes de incorporar as consequências e implicações ao acervo íntimo da experiência, desdobrando novos horizontes para o futuro. Foram maioria os que apenas viram e passaram adiante, sacudindo da manga do casaco o importuno que chamava atenção para si mesmo.

E foi assim que a América do Norte, fonte das mais avançadas técnicas de publicidade, acostumada a estupefazer a cada momento a opinião pública com os acontecimentos do dia a dia, perdeu a oportunidade de contar a história mais emocionante do século, ou seja, a grande descoberta de que o homem é um ser imortal. Hannen Swaffer, o grande jornalista inglês, jamais entendeu a atitude reservada e até negativa da imprensa diante dos fatos espíritas, que ele sempre considerou um dos grandes temas jornalísticos da nossa época.

Muitos foram, pois, os que ignoraram a verdade; muitos outros viram-na parcialmente e tentaram transformá-la

O tempo, o preconceito e a humildade

em verdade pessoal, conservando-a numa redoma, como se temessem o contágio externo, quando, na realidade, a verdade somente tem sentido quando serve ao contexto geral da vida. Foram raros os que confiaram no tempo, examinaram a verdade sem preconceitos e acolheram-na com humildade. Kardec é um destes e, por algum tempo, seria o único.

O Barão de Guldenstubbé ficou a meio-termo. Reconheceu a força da verdade, mas não conseguiu estudá-la sem preconceitos e com humildade. Sua obra é um trabalho de considerável erudição histórica, seriedade na pesquisa e aceitação dos postulados cristãos. Seu conhecimento da *Bíblia* — Antigo e Novo Testamento — é bastante seguro. Logo nas primeiras páginas do seu livro escreve isto:

— Certamente, o número dos espiritualistas não é ainda considerável, mas que esse lamentável contratempo não vos desencoraje demais, senhores; o Cristo, Mestre de todos nós, não disse estas palavras eternamente consoladoras: "Se dois ou três se reunirem em meu nome, estarei entre eles"?

Aí mesmo, nessa introdução, cita Joel, que preconizou que o espírito do Senhor derramar-se-ia sobre toda a carne. Finalmente, lembra a imortal *Epístola aos Coríntios*, (15:55), do amado apóstolo dos gentios:

"*Onde está, ó morte, o teu aguilhão? Onde está, ó morte, tua vitória?*"

Esse versículo, aliás, foi escrito em grego, por um Espírito não identificado, em 4 de outubro de 1856, na presença do Conde d'Ourches e do Dr. Georgii, e aparece em fac-símile no livro do Barão, num conjunto de trinta textos, desenhos e símbolos colhidos diretamente.

Vejamos, porém, metodicamente, o livro.

•

As experiências relatadas começaram em 13 de agosto de 1856, quando o autor observou, pela primeira vez, o fenômeno da escrita direta.

A época era dominada pelas ideias positivistas e talvez por isso o título da obra seja encimado pela expressão "*Pneumatologie Positive*". A edição que serve a estes comentários é a de 1889.[2]

A introdução é longa e bem documentada, com a citação de muitos dos que testemunharam os fenômenos e dos suportes bíblicos que tenham conexão com o assunto. Diz o autor que mais de duas mil experiências foram feitas e mais de quinhentas pessoas a elas assistiram.

Depois de mencionar cerca de trinta das quinhentas que ele diz terem testemunhado os experimentos, o Barão acrescenta, caracteristicamente hiperbólico, que mencionou apenas os "mais ilustres", pois se fosse listar as pessoas também distintas que presenciaram seus labores a relação "iria ao infinito".

Muito modestamente, afirma que:

"É precisamente na aplicação do método experimental aos fenômenos maravilhosos que reside a originalidade e o valor desta descoberta, que *não tem precedentes nos anais da Humanidade*, pois, até agora, os milagres não têm podido ser repetidos: era preciso contentar-se para provar sua realidade com o testemunho dos que os presenciaram." (Os destaques são meus.)

Contudo, tem observações judiciosas, como esta:

"O absurdo temor aos demônios tornou os padres e teólogos ortodoxos inaptos a combater, pela via experimental,

---

[2] Pormenor: o livro foi originariamente adquirido na Livraria da Federação Espírita Brazileira (com z), à Rua do Rosário, 141.

O tempo, o preconceito e a humildade

os materialistas e incrédulos. Essa demonofobia tornou-se, infelizmente, em nossa época, verdadeira demonolatria." Isso vale até hoje, especialmente quando se atenta para o notável surto de grupos que cultivam a magia negra, a feitiçaria e a demonologia.

Ou esta outra afirmativa, tão ponderada: "A essência do espiritualismo consiste, de fato, na convicção íntima de que o mundo sobrenatural das causas invisíveis, do qual a alma do homem faz parte, tem estreitas e contínuas ligações com o mundo material de efeitos visíveis, graças ao governo universal da Providência. Daí, as manifestações contínuas e permanentes do mundo invisível na história da Humanidade; daí os milagres que, longe de derrogar as Leis da Natureza, não são mais do que uma condição necessária à organização do Universo, esse livro imenso, que nem os serafins mais elevados conseguiram ler até agora. Os milagres somente manifestam o poder do espírito sobre a matéria, suspendendo, até certo limite, os efeitos de suas forças inertes."

O texto traduzido, cujo trecho sobre o milagre está impresso em itálicos, é legítimo e seria aceito pela Doutrina Espírita, a não ser a expressão *sobrenatural*, cuja conotação Kardec recusou, com razões inteiramente válidas.

Dessa maneira, o Barão é um verdadeiro espírita sem Espiritismo. Prega a moral cristã, busca para a fenomenologia o apoio da Ciência, demonstra a sobrevivência do Espírito, está convencido da realidade da reencarnação, mantém boas relações de comunicação com o mundo dos desencarnados e crê firmemente na existência de Deus, como poder supremo, criador e sustentáculo do Universo. Mas não lhe falem de Espiritismo; sua palavra é espiritualismo.

Acha ele também que demonstrou muita coragem e audácia ao ousar a publicação, "em pleno século dezenove, de um livro tão misterioso e estranho".

Sempre muito seguro do seu papel de inovador, escreve pouco adiante que "acredita ter lançado os primeiros fundamentos da ciência positiva do espiritualismo, ao estabelecer *a crença nos Espíritos do mundo invisível* em bases inabaláveis". (Destaque no original.)
Uma pergunta parece caber a esta altura, e quase a estou ouvindo do leitor. Teria o Barão conhecido a obra de Kardec? E esta outra: Se a conheceu, qual a sua opinião sobre ela?
Sim, o autor conheceu a obra do Codificador. Sua opinião? Aí vai: num longo período em que analisa, com extrema severidade, o papel da Igreja nos seus vários Concílios, na formação da descrença, do materialismo e da demonolatria, conclui ele, mal-humorado e profundamente injusto:
"Certamente, o catecismo do Espiritismo de Allan Kardec, essa paródia vulgar do espiritualismo experimental, tem mais valor do que as elucubrações absurdas dos Concílios da Igreja Católica."
E continua:

> Pelo menos o *Credo* do Espiritismo estabelece nitidamente a unidade da Divindade, as manifestações e revelações das almas dos mortos, que progridem ao infinito do ponto de vista intelectual e moral, sem jamais alcançarem a perfeição absoluta da Majestade divina, sem se absorverem ou se perderem no seio do Ser absoluto, fonte e base eternas da vida do Universo, e centro da luz intelectual e moral. Daí o progresso rápido dos espíritas, a despeito de não fornecerem nenhuma prova palpável do discernimento e da identidade dos Espíritos dos mortos; por causa da sua ignorância quanto às verdadeiras condições das experiências espiritualistas da Magia, da Teurgia e da Necromancia; por causa de suas evocações dos mortos, prostituídas a toda hora e por qualquer motivo; por causa, enfim, da sua falta de senso crítico;

O tempo, o preconceito e a humildade

por causa da leviandade ao construir credos com base em ditados mediúnicos incoerentes, sem que possam demonstrar a presença dos Espíritos ou sua influência de maneira alguma.

E, julgando ter liquidado de uma vez por todas com o Espiritismo e com Kardec, não volta mais a falar desses assuntos em todo o seu livro. Pobre Barão! Somente seus métodos são válidos, somente suas doutrinas são autênticas, somente suas descobertas têm valor. Partiu, assim, do pressuposto de que nada havia de útil na obra de Kardec, porque não a julgou suficientemente demonstrada do ponto de vista experimental. Ignorou ou desconheceu o fato de que Kardec procurou enfatizar o aspecto filosófico-religioso da realidade espiritual. Seria fácil para o Codificador apresentar-se em público com um acervo de fenômenos espíritas, coletados ao longo de seus contatos com seus amigos desencarnados, mas a Humanidade precisava de interpretações, de conclusões, de um corpo doutrinário coerente de que os fatos fossem o suporte e não um simples relato de testemunhos insólitos. E por isso é que a obra do Barão caiu no vazio de sua própria vanglória, e a de Kardec suportou o teste do tempo. Não quer isso dizer, evidentemente, que o estudo do Barão de Guldenstubbé não tenha mérito algum; é trabalho sério e de grande utilidade, *como apoio da realidade espiritual*, mas, ao contrário do que ele pensou, seu livro foi *uma* das contribuições à busca do homem pelo conhecimento de si mesmo, mas não alcançou o gabarito que ele lhe atribui, de um trabalho revolucionário que serviria de alicerce a um novo renascimento espiritual.

Um pouco de humildade não teria feito mal ao Barão, e teria feito muito bem à sua obra, que, por certo, tem valor.

•

O livro [*La Realité des Esprits*] está dividido em duas partes, com 25 capítulos.

Na primeira parte, após a dedicatória e a introdução, estuda o autor o espiritualismo na Antiguidade e depois do Cristo. Em seguida, examina a fenomenologia que envolve o Decálogo, que, a seu ver, é uma mensagem em escrita direta do próprio Deus. Em apoio de sua tese, cita várias passagens do *Êxodo* — 24:12, 31:18, 32:15 e 16, e 34:28 — e *Deuteronômio* — 4:13, 5:22, 9, 10, 10:1 a 5. E conclui: "Essas passagens dos livros de Moisés bastam para provar a escrita direta do Decálogo do Eterno."

É possível que a mensagem contida no Decálogo tenha sido recebida por escrita direta. Não há dúvida de que seja mediúnica, pois Moisés teve que voltar ao isolamento da montanha para *receber de novo* a comunicação, depois que, num acesso de cólera, quebrou as lousas que continham a primeira versão. Se fosse trabalho próprio, ele o teria reconstituído. É inaceitável, porém, que o próprio Deus a tenha escrito diretamente. Seria, portanto, uma comunicação psicográfica ou de escrita direta ou ditada por um mensageiro espiritual de elevadíssima hierarquia, pois o autor intelectual do Decálogo produziu uma obra de intemporal beleza e valor.

A seguir, examina o Barão o famoso e histórico fenômeno de escrita direta — esta sim — na parede do salão onde se realizava o banquete de Baltazar, na Babilônia, e que o profeta Daniel interpretou corretamente.

O episódio vem narrado no capítulo 5 do livro de *Daniel*, no Antigo Testamento.

Quando os vasos pilhados por Nabucodonosor ao templo de Jerusalém foram profanados no festim, diz a narrativa bíblica:

"Prontamente apareceram os dedos de mão humana que se puseram a escrever, por trás do candelabro, na cal da parede do palácio real, e o rei viu a mão que escrevia." (Daniel, 5:5.)

O capítulo 5 trata da estátua falante de Memnon, não evidentemente como fenômeno de escrita direta, mas como outra forma de manifestação direta do mundo invisível, enquanto o capítulo 6 cuida dos lugares "assombrados" ou fatídicos, lembrando, com muita propriedade, que o respeito universal pelos mortos e pelos túmulos e o culto dos ancestrais constitui eloquente evidência em favor das crenças nitidamente espiritualistas dos povos da Antiguidade.

É no capítulo 7, no entanto, que está o cerne do livro do Barão de Guldenstubbé. O capítulo intitula-se "Fenômenos de escrita direta dos Espíritos, verificados em presença de testemunhas, de agosto de 1856 até 30 de novembro de 1872".

Aqui, apresenta o autor um conselho: devemos despojar-nos de todos os interesses e de todos os preconceitos terrestres, a fim de que todos os Espíritos possam comunicar-nos seus pensamentos; e continua:

> O amor, a sabedoria, a pureza da alma devem substituir as paixões terrestres. É preciso que as experiências espiritualistas sejam envolvidas em recolhimento religioso, que a música eleve e rejubile os corações, a fim de que os Espíritos possam participar da harmonia das almas e repetir no Céu os acordes da Terra. É preciso que a rivalidade seja banida dos círculos fraternos, a fim de não manchar a beleza das almas em que os anjos não devem encontrar sombra à luz que aí vêm depositar. Foi dessa maneira que o autor conseguiu obter o belo fenômeno da escrita direta dos Espíritos.

Informa, a seguir, que, durante dez anos, se ocupou do magnetismo, que sempre julgou ser precursor do espiritualismo, e que nunca "partilhou dos erros da sociedade do mesmerismo de Paris, que desejou fazer do magnetismo uma ciência natural e física, baseada num pretenso fluido de que nunca se provou a realidade".

O Barão experimentou também a mediunidade psicográfica, apresentando, ao fim do livro, mais de uma centena e meia de "pensamentos dos Espíritos" que mantinham ligações com ele e sua irmã e companheira de estudos.

Está convencido de que nenhum fenômeno é tão comprovador da realidade espiritual como o da escrita direta, por ser "direito, inteligente e material a um só tempo, independente da nossa vontade e da nossa imaginação".

Realmente, trata-se de um belo e autêntico fenômeno, mas não nos parece justo tratá-lo de maneira tão radical, à exclusão de toda a fenomenologia mediúnica. É evidente, porém, a honestidade de propósitos do autor. Diz ele que, durante muito tempo, buscou uma prova inteligente e palpável da realidade do mundo espiritual, a fim de poder demonstrar, de modo irrefutável, a sobrevivência da alma e que jamais cessou de "dirigir preces ardentes ao Eterno", pedindo-lhe indicar um meio infalível de reafirmar a fé na imortalidade da alma.

"O Eterno" — escreve a seguir —, "cuja misericórdia é infinita, atendeu amplamente a esta modesta prece. Um belo dia, era primeiro de agosto de 1856, acudiu ao autor a ideia de verificar se os Espíritos poderiam escrever *diretamente sem intermediação de um médium.*" (Destaques no original.)

Partia do pressuposto de que tanto o Decálogo quanto a mensagem a Baltazar na antiga Babilônia foram produzidos diretamente. Cabe-nos aqui um reparo, pois, a nosso

O tempo, o preconceito e a humildade

ver, mesmo a escrita chamada *direta* exige o concurso de um médium e, nos seus experimentos, provavelmente o próprio Barão funcionasse, ainda que inconscientemente, como intermediário entre os dois mundos. Aliás, em outro ponto da sua obra, ele menciona o fato de que a presença de uma de suas habituais testemunhas — o príncipe Shakowskoy — facilitava enormemente a obtenção dos escritos, "por se ter ele revelado excelente médium para as escritas diretas".

Voltemos, porém, à sua narrativa. No dia 1º de agosto de 1856 colocou um papel em branco e um lápis apontado numa caixa fechada a chave, a qual manteve permanentemente em seu poder, nada dizendo da sua tentativa a ninguém. Esperou doze dias em vão, sem encontrar o menor traço do lápis no papel; a 13 de agosto, porém, teve a feliz surpresa de encontrar "certos caracteres misteriosos" traçados no papel. Nesse mesmo dia, experimentou ainda dez vezes, com intervalos de trinta minutos e, em todas as vezes, obteve "completo êxito".

No dia seguinte, 14 de agosto, experimentou cerca de vinte vezes, deixando a caixa aberta, sem perdê-la de vista. Viu, então, formarem-se as palavras de uma mensagem em língua estoniana, sem que o lápis fosse movimentado. Foi a partir dessa experiência que ele dispensou o lápis; limitava-se a colocar uma folha de papel sobre a mesa ou ao pé de estátuas antigas, sarcófagos, urnas etc., no Louvre, em Saint-Denis, na Igreja de Santo Estêvão e em inúmeros outros lugares. Levou suas experiências aos cemitérios parisienses, observando, porém, que nem ele nem os Espíritos gostavam muito dessas tentativas nos cemitérios, pois "a maior parte dos Espíritos prefere os lugares onde viveram durante a existência terrena aos locais onde repousam seus despojos mortais", o que é verdadeiro.

Convencido da autenticidade do fenômeno, em mais de três dezenas de experiências, o Barão resolveu demonstrá-lo a alguns amigos. Seu primeiro convidado foi o Conde d'Ourches, que também "havia consagrado sua vida inteira à magia e ao espiritualismo". Reunidos após seis sessões sem resultado, às onze horas da noite de 16 de agosto, o Conde viu, pela primeira vez, o fenômeno realizar-se diante de seus olhos. O Espírito manifestante confessava a fidelidade ao Cristo. O Barão conclui, um tanto ingenuamente, que isso deveria confundir os ortodoxos demonófobos. O fato é que o simples fato de um Espírito declarar que é fiel ao Cristo não quer dizer que o seja; pode ser um tremendo mistificador, e somente seu procedimento, sua linguagem e seus propósitos, revelados numa convivência mais extensa, observada com acentuada dose de espírito crítico, nos poderá assegurar ou não sua autenticidade.

Enfim, as experiências do Barão tiveram prosseguimento nos locais já citados e, mais, ao pé dos monumentos a Pascal, Racine e outros, ou no cemitério de Montmartre, ou no Palácio de Versalhes, ou em Saint-Cloud.

Experimentando em separado, sem a presença do Barão de Guldenstubbé, o Conde d'Ourches também obteve exemplares de escrita direta. Um desses documentos, segundo informa o Barão, era uma mensagem da mãe do Conde, desencarnada havia cerca de vinte anos.

Entre 1856 e 1869, o Barão realizou mais de duas mil experiências na presença de inúmeras testemunhas dignas de fé, franceses e estrangeiros.

Em seguida, espraia-se o autor por várias páginas, nas quais comenta as críticas elogiosas ou não à primeira edição de sua obra.

A seguir, no mesmo capítulo, pois o autor não tem uma boa metodologia para expor as suas ideias, volta à apreciação do fenômeno em si, na tentativa de responder à questão de saber-se de que maneira os Espíritos produzem o fenômeno.

Acha o Barão que os seres desencarnados agem diretamente sobre a matéria, tal como os encarnados.

"Durante as primeiras semanas" — continua ele —, "a partir do dia em que descobri a escrita direta, as mesas sobre as quais os Espíritos escreveram deslocaram-se sozinhas e vieram juntar-se ao autor em outro cômodo, após haverem atravessado, às vezes, várias peças; as mesas caminhavam ora lentamente, ora com uma rapidez espantosa; o autor, por várias vezes, barrou-lhes o caminho por meio de cadeiras, mas elas contornavam os obstáculos e seguiam na mesma direção. O autor viu mesmo, duas vezes, uma pequena mesa de um só pé, sobre a qual os Espíritos costumavam escrever (em sua presença), transportada pelo ar de um lado do cômodo para o outro."

Como se vê, ocorriam na casa do Barão nítidos fenômenos de efeitos físicos, com deslocamento e levitação de móveis. A própria escrita direta é, também, um fenômeno de efeito físico e, se não havia na residência do Barão outra pessoa com a tão poderosa faculdade mediúnica — detalhe que ele não esclarece —, é claro que o próprio Barão seria o médium das suas experiências, a julgar pelos seus relatos.

A maior parte dos escritos traçados pelos Espíritos durante o ano de 1856 parecia ser feita a lápis, o que o Barão atribui ao fato de ter começado suas experiências colocando um lápis junto à folha de papel em branco. Mais tarde, porém, segundo conta, o material de que se utilizavam os Espíritos era uma substância avermelhada semelhante ao "cimento romano". De outras vezes, os caracteres pareciam ter sido traçados com tinta vermelha ou lápis da mesma cor, e, às vezes, eram gravados em branco sobre o branco do papel, apenas com uma diferença sensível de intensidade. O material semelhante ao cimento, e que não continha a substância plúmbea do lápis, ocorreu, principalmente, em algumas igrejas em Londres, Paris e Dieppe. Algumas figuras mágicas e cabalísticas, obtidas entre 1859 e 1861, foram traçadas com giz branco, azul e vermelho. Formavam-se rapidamente, durante segundos. Algumas vezes desapareciam dentro de três ou cinco minutos, enquanto, de outras, duravam um dia ou dois. A maior parte desses desenhos misteriosos ligava-se a hieróglifos egípcios ou caracteres sírio-caldeus ou hebraicos.

Mensagens mais longas dadas por Espíritos familiares — parentes e amigos do autor — eram, com frequência, escritas em tinta azul ou preta. Nessas comunicações, que o autor chama de epístolas, dialogavam os presentes com os Espíritos, que lhes traziam conselhos, recomendações e avisos importantes, bem como consolo em momentos críticos da existência de cada um, quando mais se fazia necessária a assistência dos bons amigos desencarnados.

•

Terminada a exposição da fenomenologia propriamente dita, e que ocupa apenas vinte páginas de seu livro, no capítulo 7, o autor encerra a primeira parte e passa à segunda, em que retoma o assunto da fenomenologia mediúnica na Antiguidade, sobre a qual dispõe de enorme acervo de informações. Esta parte do livro é, certamente, útil ao pesquisador, mas pouco atrativo oferece ao leitor comum.

Após a transcrição dos "pensamentos" dos Espíritos, o autor apresenta suas conclusões. Afirma ter *provado* (palavra sua em itálico) a realidade do mundo sobrenatural dos Espíritos, pelos processos experimentais. E que para substanciar suas pesquisas, recorreu, na segunda parte do livro, às fontes antigas que trazem "a opinião de quarenta séculos, durante os quais o testemunho quase unânime confirma a realidade do mundo invisível dos Espíritos puros, donde emanam as revelações religiosas e os ensinos morais".

Acha que acaba de lançar os fundamentos do Espiritualismo, ou "Pneumatologia positiva", e que não vem longe a hora da *derrota definitiva do materialismo*. Afirma a autenticidade e o valor da *Bíblia* como documento eloquente dessa crença tão antiga.

Encerra o seu trabalho manifestando sua gratidão a Deus "por se ter dignado confiar à Humanidade um excelente meio de combater o gênio do mal". Por fim, uma prece, tirada, versículo por versículo, do belo texto do *Eclesiastes*, capítulo 36.

Em encarte, no final do livro, trinta espécimes de escrita direta, contendo assinaturas atribuídas a Augusto, Júlio César, Maria Antonieta, Mary Stuart, Abelardo, Platão e outros.

•

Em suma, a contribuição do Barão de Guldenstubbé é importante, e sem dúvida que foi um livro corajoso para a sua época, como também foi imensamente corajoso *O Livro dos Espíritos*, no mesmo ano de 1857. É preciso reconhecer, não obstante, que a obra do Barão não é tão importante quanto ele pensou que fosse, julgando-a iniciadora de uma nova fase na evolução do pensamento. Faltou-lhe modéstia. Seu estudo, valioso, por certo, insere-se num contexto muito amplo, ao qual ele trouxe sua parcela; não mais que isso. Seus preconceitos contra o Espiritismo, que viu nascer e crescer em paralelo com suas pesquisas, impediram-no de ver uma realidade tão importante quanto a que procurou demonstrar: a de que sua tarefa se integrava no movimento global desencadeado pelo mundo espiritual. Não era para colocar-se à margem dele, como revelação particular concedida por generosidade divina a um escolhido privilegiado. Nosso esforço pessoal nunca é isolado, pois vivemos num universo inteiramente solidário, construindo nossa evolução na experiência alheia que se incorpora lentamente à nossa. Não inventamos nem criamos coisas; apenas as descobrimos. Elas já existiam antes de nós e continuarão a existir pelos tempos afora. É bom saber que aqui e ali, numa ou noutra vida, o Senhor concede-nos a oportunidade maravilhosa de servir nos escalões mais humildes da sua seara. Não procuremos, no entanto, transformar nossa modestíssima participação numa ressonante projeção pessoal, que não merecemos e para a qual não estamos preparados.

    O querido Barão teve todos os elementos de que precisava para um bom trabalho e o realizou bem, embasando na fenomenologia mediúnica a crença na imortalidade da alma e conjugando-a com a moral evangélica. Recusou-se, porém, a admitir qualquer associação ostensiva com a equipe espiritual que lançava na Terra o movimento de libertação das almas. Não importa. Sua colaboração é válida, e, por isso, os Espíritos lhe deram o apoio de que precisava. Muitas vezes estamos unidos por laços invisíveis e permanentes no mundo espiritual, e é só enquanto andamos por aqui, mergulhados atrás do denso véu da carne, que nos esquecemos disso.

    Não importa, repetimos. De outra vez, voltaremos mais humildes, compreendendo melhor a nossa modesta posição de operários de uma equipe dirigida por amigos dos quais não somos dignos de desatar os cordões de suas sandálias luminosas.

3

O CONDE DE ROCHESTER
A aventura, a tragédia, o remorso...

Em meados de 1680, um nobre inglês de 33 anos morria lentamente de velhice, numa longa e dolorosa agonia física e espiritual. Chamava-se John Wilmot, Conde de Rochester. No dia 19 de junho, ditou um documento pungente de remorso e mágoa ante o tempo perdido, a inutilidade de uma preciosa existência consumida em loucuras inomináveis, e de um talento desperdiçado tão abundantemente na elaboração do verso genial, mas corrupto. Esse testamento espiritual, escrito "em benefício daqueles que possam ter sido arrastados ao pecado pelo meu exemplo e estímulo", foi assinado na presença da velha mãe e da jovem esposa. Por desejo expresso de seu signatário, deveria ser lido a toda a criadagem, "até ao tratador de porcos". Dizia, em suma, que, "do fundo de minha alma, detesto e abomino todo o curso de minha vida iníqua".

A 25 do mesmo mês, em carta ditada ao reverendo Gilbert Burnet, seria ainda mais explícito:

"Meu ânimo e meu corpo definham tão juntamente que lhe escreverei uma carta tão fraca como me sinto. Começo por dizer que coloco os sacerdotes acima de todas as criaturas no mundo e o senhor acima de todos os sacerdotes que conheço."

O fim chegava lento, penoso e inexorável. De há muito estava minado seu vigoroso organismo. Em abril de 1678, dois anos antes, circulara mesmo a notícia de sua morte. A informação, que Anthony Wood registrara em seu diário, em falsa, mas não as suas mazelas, pois estivera mesmo *at the gates of death*, às portas da morte. Já em 1669, no entanto, frequentava ele os "banhos" da Sra. Fourcard, em busca de alívio para a depredação que as doenças venéreas estavam causando em seu corpo. Aos 24 anos — segundo ele próprio declarou por escrito — seus olhos não suportavam mais vinho nem água.

"Se abandonasse o vinho e as mulheres" — escreve Graham Greene, no seu estupendo livro — "poderia ter sido salvo, mas não tinha força de vontade para isso, mesmo que o quisesse."

Levado pela paixão desesperada pela vida, consumira--a de um só trago, "queimando a vela pelas duas pontas", como diz a expressão inglesa. Tornara-se, agora, a sombra do que fora, enquanto jazia atormentado pelas dores físicas e morais, no leito da agonia. Úlceras atrozes consumiam--lhe a bexiga, que era expelida aos pedaços, em crises insuportáveis, segundo relato de Burnet, o anjo bom dos seus últimos dias. Não obstante, dessa ruína física emergiam os clarões de decisões importantes para a vida daquele Espírito tão bem-dotado.

"Quando seu moral estava tão baixo e exausto que ele

não podia nem andar ou mover-se" — escreve Burnet —, "e pensava não viver mais que uma hora, disse ele que sua razão e sua capacidade de julgamento estavam tão claras e fortes que, daquele momento em diante, estaria totalmente convencido de que a morte não significa o desaparecimento ou a dissolução da alma, mas apenas sua separação da matéria. Sentia, durante a doença, grandes remorsos ante sua vida pregressa, mas como me disse, depois, tais remorsos eram mais da natureza de horrores generalizados e trevosos do que uma convicção de que ele tivesse pecado contra Deus. Lamentava que tivesse vivido de modo a dissipar as suas energias tão cedo, e criado tão má reputação em torno de si mesmo; sua mente estava de tal modo agoniada que ele nem sabia como se expressar."

Não foram poucos os que duvidaram desse arrependimento de última hora. É difícil aos companheiros da libertinagem e do erro admitirem que um deles, de repente, saltou a cerca espinhosa da dor e caiu, ofuscado e atônito, do lado claro da verdade. William Fanshawe foi um desses.

Em carta de 19 de junho à sua irmã, *Lady* Rochester, mãe do doente, narra a cena do reencontro dos dois amigos, um ainda preso ao desespero de viver todos os prazeres e outro atirado ao leito, à espera da morte, exatamente porque tentara também fruí-los todos.

"*Mr.* Fanshawe, seu grande amigo" — escreve *Lady* Rochester —, "esteve aqui para vê-lo e, enquanto em pé, ao lado da cama de meu filho, este olhou-o intensamente e disse: 'Fanshawe, pense em Deus, deixe-me dar-lhe este conselho, arrependa-se de sua vida passada e se emende. Acredite no que eu digo: Deus existe, um Deus poderoso, um Deus terrível para os pecadores impenitentes. Está chegando a hora do julgamento, com grande terror para os maus; por isso, não adie o seu arrependimento: o desagrado de Deus desabará sobre você, se você não o fizer. Você e eu somos antigos companheiros, e praticamos juntos muitos erros. Amo a criatura humana e lhe falo diretamente de minha consciência para o bem de sua alma.'"

Segundo *Lady* Rochester, Fanshawe ficou ali em pé por alguns minutos mais, sem dizer uma palavra; pouco depois, *stole away out of the room*, ou seja, retirou-se de mansinho do quarto. Quando Rochester percebeu que ele havia saído, perguntou só para confirmar:

— Ele foi embora? Coitado. Temo que seu coração esteja muito endurecido.

O antigo companheiro de farras memoráveis estava convencido de que o amigo tinha ficado doido, e não fez segredo algum de sua convicção, porque a notícia chegou ao conhecimento de *Lady* Rochester, que se queixa disso em nova carta de 26 de junho. Foi depois da visita de Fanshawe que Rochester ditou o seu testamento espiritual, mas não foram poucos os que continuaram a duvidar da sinceridade da contrição de um jovem muito brilhante que envelhecera e envilecera na devassidão.

Um dia se escreverá a história de como John Wilmot, Conde de Rochester, se transformou em J. W. Rochester, autor espiritual das extraordinárias narrativas históricas escritas com a dócil mão de Wera Krijanowski. Enquanto não temos essa história, que só ele mesmo poderá contar, vejamos como foi que o ex-faraó Mernephtah e o ex-beneditino da tenebrosa Abadia do século XIII se tornou John Wilmot, Conde de Rochester.

•

O livro que conta essa história chama-*se Lord Rochester's Monkey* (*O macaco de Lord Rochester*), edição da Bodley Head, Londres, de autoria do escritor inglês

O Conde de Rochester

Graham Greene.

O autor informa, no prefácio, que o livro foi escrito entre 1931 e 1934, mas foi então recusado pelo seu editor, Heinemann, fato que o deixou tão desapontado que ele não teve coragem de oferecê-lo alhures. Greene supõe que a editora ficou temerosa de enfrentar a opinião pública, pois o livro era considerado obsceno, principalmente em vista da reprodução de vários poemas de Rochester. Graham Greene, não obstante, não perdeu o interesse pelo seu tema, pois julga, com muita razão, que Rochester foi um poeta genial, dos maiores da língua inglesa. De qualquer forma, os originais de seu livro magistral dormiram quarenta anos nos arquivos da Universidade do Texas, que, permitindo fossem copiados, possibilitou a publicação, em 1974.

Trata-se de um volume de 231 páginas, primorosamente elaborado, tanto do ponto de vista literário como gráfico. Impresso em papel excelente, contém inúmeras ilustrações em preto e branco, e maravilhosas reproduções em cores, inclusive retratos e autógrafos de Rochester. O título, aliás, foi inspirado num quadro a óleo, que mostra Rochester, com um ar algo sarcástico, colocando uma coroa de louros na cabeça de um macaco que, sentado sobre dois livros, estraçalha um terceiro com um ar de deboche. Rochester segura, na outra mão, a esquerda, originais manuscritos de alguns poemas.

•

Rochester nasceu em 1647 — há dúvidas quanto à data precisa, que seria 1º ou 10 de abril —, num período difícil da história da Inglaterra. Duas das mais fortes paixões humanas — religião e política — haviam concorrido para criar um clima de tensões violentas, que precipitaram o país em crises e lutas sangrentas. Nem mesmo a execução do rei

Charles I, em 30 de janeiro de 1649, acalmou os ânimos, e, depois de um interlúdio, em que Cromwell governou com vigorosa disciplina, Charles II recuperou o trono, em maio de 1660. Governaria o país, a seu modo, até 1685. Nascera em 1630, sendo, portanto, cerca de 17 anos mais velho que Rochester, e foi o rei do poeta, que o serviu em várias condições, como veremos.

A *Enciclopédia Britânica* diz que ele era "demasiado preguiçoso e amante dos prazeres para se dedicar com firmeza às suas funções, mas às vezes enérgico, e sempre inteligente". Não teve filhos legítimos, mas uma meia dúzia de bastardos, os quais agraciou com títulos de nobreza. Queixa-se a *Britânica* de que os que denunciam sua moral demoram-se nos seus vícios, esquecidos de seus talentos.

Rochester era filho de Henry Wilmot e de Anne, filha de *Sir* John St. Jonh, viúva de *Sir* Francis Henry Lee, com quem esteve casada apenas dois anos. Este casamento deixou-lhe dois filhos e uma propriedade em Ditchley. Casou-se com *Lord* Wilmot, em 1644. Era, segundo Greene, mulher obstinada, impulsiva, cheia de preconceitos, e sobreviveu ao marido, ao filho e ao neto, bem como à nora. Anthony Wood ouvira dizer, conforme escreveu em seu diário, que John Wilmot, o segundo Conde de Rochester, seria filho ilegítimo de *Sir* Allen Apsley, mas Greene não endossa o registro, atribuindo-o à malícia daqueles tempos socialmente tumultuados, pois a virtude de *Lady* Rochester jamais foi questionada, a despeito de seu temperamento desabrido.

Além do mais, ele se parecia com o pai, não apenas fisicamente, como até no gênio aventuroso e folgazão. Henry Wilmot era ambicioso, orgulhoso e incapaz de se contentar com o que quer que fosse. Bebia abundantemente e tinha temperamento dominador, "suportando com impaciência a contradição"; sem escrúpulos religiosos, entregou-se à devassidão. "Era bem o pai do homem que, segundo disse a Gilbert Burnet, o historiador, durante cinco anos consecutivos se manteve embriagado..." — escreve Greene.

Devido ao importante papel que desempenhou na fuga do rei Charles I, Henry Wilmot teve de deixar a Inglaterra. Entre 1653 e 1654, *Lady* Wilmot esteve em Paris com seus filhos — dois do primeiro matrimônio, e o pequeno John, então com seis para sete anos — em busca do marido aventureiro que, aliás, se encontrava na Alemanha, tentando levantar dinheiro para ajudar a causa do Rei, seu amigo e senhor. A essa altura, Henry Wilmot já havia sido distinguido com o título de Conde — *Earl*, em inglês, e empenhava-se, no continente, no esforço de repor seu Rei no trono e, certamente, garantir para si próprio uma fatia do poder. *Lady* Rochester, porém, não tinha paciência nem gosto pela vida na Corte, muito menos a de um Rei pobre e destronado, ocupado com a sua décima sétima amante.

Henry Wilmot morreu em Sluys, em 1658, e foi enterrado temporariamente em Bruges, na Bélgica, deixando ao segundo Conde de Rochester, então com 11 anos, "pouca herança além das honrarias e do título". Desde que deixara Paris, em 1656, de volta a Ditchley, que herdara de seu primeiro marido, até a morte do segundo em 1658, *Lady* Rochester tivera oportunidade de estar com Henry apenas uma vez.

Daí em diante, ao se referir ao Conde de Rochester, o livro quer dizer o segundo, ou seja, John Wilmot, que se tornaria tão popular ao público brasileiro de nossos dias sob o nome de J. W. Rochester, autor de tantos livros fascinantes, como *Romance de uma rainha, Herculânum, O sinal da vitória, O chanceler de ferro, A vingança do judeu* e outros.

Enquanto seu pai vivia seus derradeiros anos de aventura, o jovem John Wilmot crescia em Ditchley, que nunca foi suplantada na sua preferência, nem mesmo pelas atrações e prazeres que mais tarde teria em Londres, nos meios aristocráticos.

"A cidade" — escreve Graham Greene — "seria o divertimento nublado pela bebida, as intrigas do teatro, as amizades artificiais com os poetas profissionais, os casos de amor e luxúria, as disputas na Corte, a amizade do rei a quem ele desprezava, os bordéis de Whetstone Park, as doenças e os remédios, os 'banhos' da Sra. Fourcard. O interior seria a paz, uma espécie de pureza mesmo, e, finalmente, o lugar para morrer."

Essa a perspectiva da vida do menino que, aos 11 anos, carregava os títulos pomposos de Conde de Rochester, Barão Wilmot de Adderbury, na Inglaterra, e Visconde Wilmot de Athlone, na Irlanda.

Na escola primária de Burford, o jovem Conde foi aluno exemplar. Era disciplinado e aprendia com facilidade. Há depoimentos escritos de seus professores, atestando sua natureza virtuosa, boa e sempre pronta a acolher um conselho aproveitável; enfim, como disse Gifford, seu tutor doméstico, *a very hopeful youth*, ou seja, "um jovem que muito prometia".

Gifford, no entanto, não o acompanhou a Oxford, como esperava, e, mais tarde, diria que a vida do Conde teria sido muito diferente se ele o tivesse seguido mais além, em seus dias de formação. No que se acredita, ele não deixou de ter alguma razão, pois era homem austero e disciplinador, e, ao que tudo indica, Rochester respeitava-o.

A cultura do jovem Conde foi bastante ampla para a época. Manejava com facilidade o latim e o grego, e era versado nos clássicos dessas línguas. Nos seus versos, mais tarde, apareceriam adaptações de Lucrécio, Ovídio ou Sêneca,

O Conde de Rochester

a despeito dos resmungos de Gifford, que, enciumado dos progressos de seu antigo pupilo, dizia que ele pouco sabia de latim, e muito menos de grego.

Na realidade, o ressentimento era profundo. Certa vez em que Rochester reclamou que o velho não vinha vê-lo com mais frequência, Gifford respondeu com azedume e mágoa:

— *My lord*, sou um sacerdote. Vossa Graça tem o péssimo caráter do devasso e do ateu, e não ficará bem para mim estar em companhia de Vossa Graça, enquanto esse procedimento durar, enquanto o senhor continuar nessa vida.

E, assim, em 1660, sem Gifford, Rochester partiu para o Wadham College, em Oxford. Não completara 13 anos, e não estava ainda suficientemente amadurecido para experimentar a vida livre de um grande colégio, nem suportar o assédio da malícia e da irresponsabilidade de um ou outro companheiro mais impetuoso.

Quando um mestre mais impertinente tentou coibir o uso da cerveja e chamou os alunos para uma conversa a sério, os estudantes disseram que os homens do Vice-Chanceler da Faculdade também tomavam das suas na taverna da *Split Cow*. O mestre foi ao Vice-Chanceler que, por sua vez, não sendo indiferente às atrações da cerveja, deu de ombros, dizendo que não via mal no que o mestre rotulava de "aquele licor infernal que se chama cerveja". Diante disso, o mestre tornou a reunir os jovens e deu-lhes permissão para beber, "de modo que pudessem ser beberrões autorizados" e não clandestinos. Esse era o ambiente de Oxford, de onde Rochester saiu em 9 de setembro de 1661, com 14 anos, levando o título de *Master of Arts*. Em novembro, ele partiu para o continente, em companhia de *Sir* Andrew Balfour, conhecido botânico e homem íntegro. A viagem seria principalmente à França e à Itália.

Ao regressar, a doce vida estava aberta diante dele. Um relato da época descreve-o como um jovem gracioso, alto e esguio, de feições extremamente atraentes, inteligente, irresistivelmente charmoso (*charms not to be withstood*), brilhante, sutil, sublime, muito bem-educado, e "adornado com uma natural modéstia que o tornava encantador". Além do latim e do grego, já referidos, dominava perfeitamente o francês e o italiano, estando familiarizado com autores clássicos e modernos nessas línguas, sem contar o inglês. Era, pois, uma figura encantadora, com todos os atributos para conquistar a frívola sociedade de seu tempo, e até mesmo admirações autênticas.

Cedo, pois, estava ele profundamente engajado nas intrigas da Corte de Charles II, de quem passou a desfrutar amizade e confiança. Em carta de 26 de dezembro de 1664, o Rei escrevia à sua querida irmã, casada com o Duque de Orléans: "Somente ontem recebi sua carta, por intermédio de *Lord* Rochester." O *Lord* tinha apenas 17 anos...

No ano seguinte, raptou Elizabeth Mallet, herdeira de propriedades que rendiam 2.000 libras por ano, o que não era de se desprezar para um Conde bonito e talentoso, mas empobrecido.

Era a noite de 26 de maio. A moça havia ceado em White Hall, em companhia de seu avô, com Frances Stewart, uma das damas de honra da Corte. Achava-se a caminho de casa, com *Lord* Hawley, quando um grupo de homens armados, sob o comando de Rochester, fez parar a carruagem em Charing Cross. Puseram-na em outra condução e levaram-na para fora de Londres, a um lugar secreto, onde duas mulheres a esperavam. A notícia circulou, e *Lord* Rochester foi capturado em Uxbridge, sem Elizabeth. O Rei, que havia tentado arranjar o casamento de ambos, ficou furioso. Em 27 de maio, foi expedida uma ordem de prisão, e Rochester recolhido à Torre. Elizabeth, resgatada, voltou aos seus. Mais tarde, precisamente em 29 de janeiro de 1667, ao cabo de inúmeras peripécias, ela se casaria com Rochester, "contrariamente à expectativa de todos os seus amigos", segundo a velha senhora Rochester.

Antes, porém, viveu ele a aventura do mar, no combate à marinha holandesa, no que se saiu com valor, embora sem atingir o posto de almirante, como alguns acreditaram e divulgaram. Atribui-se, no entanto, sua admissão à Câmara dos Lordes (Parlamento), antes dos 21 anos, à sua atuação na campanha. Foi nessa oportunidade que Rochester, assediado por premonições de morte, celebrou com seu amigo e companheiro Wyndham um pacto formal, com aspectos de cerimônia religiosa, segundo o qual aquele que morresse primeiro prometia aparecer ao outro para dar notícia do futuro estado, se é que existia um futuro estado. Um terceiro amigo, um certo Edward Montague, recusou-se terminantemente a fazer parte do acordo.

Rochester regressou são e salvo à Inglaterra para encontrar seu país sacudido por uma das grandes pragas que dizimavam populações inteiras naquela época; mas a vida seguia seu curso entre o pavor da morte e o aceno dos divertimentos.

Em reconhecimento por seus serviços, o Rei atribuiu a Rochester um prêmio de 750 libras, que devem ter sido utilizadas para aliviar a pressão de seus credores.

Em fevereiro de 1666, a Corte retornou a Londres, de onde fugira espavorida, e, em março, Rochester foi nomeado *Gentleman of the King's Bedchamber*, ou seja, camareiro do Rei, posto honorífico que o monarca reservava aos seus íntimos amigos, e que rendia os vencimentos nada desprezíveis de 1.000 libras por ano. A principal função do camareiro era apresentar ao rei, todas as manhãs, a sua primeira peça de roupa, uma espécie de camisa com a qual o vestia. Além disso, supervisionava a ordem dos aposentos reais, vendo que nada faltasse ao conforto de Sua Majestade. O jovem Conde preferia, no entanto, a aventura, e, no verão de 1666, fez-se ao mar novamente, em companhia de *Sir* Edward Spragge, para novas lutas com os holandeses, e desta vez para derrotas humilhantes.

Ao se casar com Elizabeth Mallet, Rochester não completara ainda 20 anos, e Graham Greene queixa-se de que os 13 anos restantes de sua vida são difíceis para o biógrafo, pelas fantásticas histórias que circulam a respeito, as aventuras amorosas, com várias cortesãs e senhoras da sociedade, suas amizades literárias, suas disputas, algumas das quais resultaram em duelos mais ou menos românticos, suas desavenças com o Rei, seu papel de charlatão, quando resolveu ser médico, "como se todos esses anos" — escreve Greene — "fossem nublados pelos vapores da bebida".

Suas visitas à esposa, que permanecera na propriedade rural, eram intermitentes e espaçadas. Desse período aventuroso e vago, somente se conhecem com precisão as datas do batismo de seus filhos: Anne, em 30 de agosto de 1669; Charles, o único filho varão, em 2 de janeiro de 1671; Elizabeth, em 13 de julho de 1674; e, em 6 de janeiro de 1675, sua última filha legítima, Mallet, pois teve ainda uma filha com a atriz Elizabeth Barry, em Londres, em 1677.

Em suma: a vida era uma enorme "chatice" que, no entanto, precisava ser vivida, e "Rochester bebia para torná-la suportável".

Piores momentos viriam, porém.

"A paixão do ódio começou cedo" — escreve Graham Greene. — "Atrelada, como estava, à ingratidão, suspeita-

-se de que a bebida tenha começado a afetar o caráter de Rochester aí pelo fim de 1667, dez meses depois de seu casamento."

O ódio era difuso e impessoal, mais pela sociedade, suas hipocrisias e falsidades, pois, na palavra repetida de seu biógrafo, "odiava a imoralidade... nos outros", enquanto se permitia todos os desatinos. É essa a imagem que, provavelmente, tentou retratar o pintor que o figurou coroando um macaco que destrói livros. A 5 de outubro, foi convocado para a Câmara dos Lordes, com 21 anos incompletos, o que provocou alguns protestos veementes; mas o Rei manteve sua decisão. Estava "de bem" com Rochester. De outras vezes, expulsá-lo-ia da Corte, dado que o poeta não poupava nem mesmo o seu real amigo nos seus terríveis epigramas, às vezes em versos pornográficos irreproduzíveis, como os que constavam da sua *The History of the Insipids*.

Com outro rei mais impulsivo, a carreira de Rochester estaria para sempre encerrada, e, talvez, a sua vida; mas Charles acabava por readmiti-lo na sua intimidade, e até conferiu a ele cargos e bens. Além da posição de camareiro, que Rochester abandonou, o Rei designou-o para a Câmara dos Lordes, como vimos. Em fevereiro de 1668, foi nomeado Guardião da Caça Real, em Oxford, e, em abril, Rochester fez uma petição solicitando quatro distritos em Whittlewood Forest. Em 1673, foi-lhe atribuído, em comum com Laurence Hyde, o domínio de uma propriedade da coroa, em Bestwoo, e quatro carregamentos de feno de Lenton Mead, tudo isso a troco de um aluguel nominal de 5 libras por ano. Em 1674, Rochester foi nomeado guardião de outra propriedade, chamada Woodstock Park. Em abril do ano seguinte, nova nomeação para um cargo honorífico, e, em junho, o usufruto de algumas propriedades. Três dias depois da nomeação, ele quebrou um raríssimo relógio de sol, no jardim do palácio, na inconsciência da embriaguez.

Graham Greene não pode deixar de observar o estranho relacionamento entre Rochester e seu Rei, que, tão pacientemente, suportou suas loucuras e impertinências. "Talvez", acrescenta o biógrafo, "somente no abismal cinismo do Rei se poderia encontrar a explicação." Ou, diríamos nós, numa amizade sincera, que resistia aos mais duros embates da provocação e do ridículo, em que o poeta às vezes o colocava perante a Corte e a nação, em versos que circulavam por toda parte.

Numa dessas expulsões da Corte, Rochester e seu amigo Buckingham adquiriram uma estalagem na Newmarket Road, onde se esmeravam em tratar tão bem os clientes que os homens passaram a trazer também as esposas. Enquanto os maridos bebiam, Rochester e amigo cortejavam as esposas. Uma delas, particularmente difícil, porque o marido teimava em mantê-la em casa, aos cuidados de uma irmã, Rochester conquistou com um artifício: enquanto o amigo embebedava o marido, o poeta vestiu-se de mulher e conseguiu insinuar-se, colocando a tia-guardiã fora de combate com uma dose de ópio, habilmente ministrada.

Daí em diante, as loucuras desatam-se mesmo, constituindo, às vezes, incidentes sérios, como o de Epsom, em que Rochester só por milagre não foi levado à justiça para responder por crime de morte. Andou foragido, por algum tempo, e, depois, reapareceu na Corte. O Rei o havia perdoado novamente...

Depois disso, foi a aventura como "médico", especialmente de senhoras, e como astrólogo. Os anúncios que então publicou foram preservados.

"Quanto às previsões astrológicas" — dizia um texto

'publicitário' —, "fisiognomonia, adivinhação por meio de sonhos e outras (na quiromancia não acredito, porque não possui a base invocada em seu suporte), minha própria experiência me convenceu dos seus consideráveis efeitos e maravilhosas operações, principalmente no sentido dos acontecimentos futuros, na preservação de perigos ameaçadores e na utilização de vantagens que se possam oferecer. Afirmo que minha prática me convenceu mais dessa verdade do que todos os eruditos e sábios escritos existentes sobre a matéria: porque isto posso dizer por mim (sem nenhuma ostentação): que raras vezes tenho falhado nas minhas predições, e com frequência tenho sido muito útil em meus conselhos. Até onde posso ir neste assunto, estou certo de que não poderia dizê-lo por escrito."

Com um "anúncio" desses, quem deixaria de procurar o jovem astrólogo, além de tudo muito simpático, inteligente e bonitão? Especialmente mulheres românticas e ambiciosas ou ingênuas.

É certo, porém, que ele não acreditava no produto que anunciava, mesmo porque o Espírito de seu amigo Wyndham — aquele do pacto de morte — não voltara para dizer se havia ou não vida póstuma. No entanto, outro episódio de premonição impressionara-o bastante para merecer um relato a Burnet.

Um capelão que frequentava a casa de *Lady* Warren, sua sogra, sonhara que em tal dia morreria; mas como trataram de dissuadi-lo da ideia, ele acabou por esquecer o sonho. Uma noite, porém, jantavam 13 pessoas em torno da mesa e, segundo antiga superstição, uma deveria morrer breve. Uma jovem presente apontou o capelão como candidato à desencarnação, o que trouxe de volta à sua mente a lembrança do sonho, e o deixou perturbado. *Lady* Warren repreendeu-o pela sua preocupação com a crendice, mas o certo é que o homem, em perfeitas condições de saúde,

amanheceu morto no seu aposento.
  Isso, porém, somente iria fazer algum sentido para Rochester quando ele próprio se avizinhava da hora final. Enquanto essa hora não chegava, a vida tinha de ser vivida, e o mais intensamente possível.
  Na sua aventura como charlatão da Medicina, seu interesse mais uma vez se focalizou na clientela feminina, à qual prometia maravilhas de restauração e conservação da beleza física, segundo técnicas que teria aprendido na Itália, onde "mulheres de 40 anos têm a mesma aparência das de 15". Lá não se distinguia a idade pelo rosto, "enquanto na Inglaterra, ao olhar um cavalo na boca e uma mulher na face, sabe-se com precisão suas idades". Para remediar tal situação vexatória, lá estava o Dr. Rochester, com seus remédios miraculosos que limpavam a pele, clareavam os dentes, tornando-os "brancos e redondos como pérolas, fixando os que estivessem frouxos". Enquanto isso, as gengivas ficariam vermelhas como coral, e os lábios da mesma cor "e macios como você os desejar para os beijos lícitos" (*lawfull kisses*), pois o jovem médico não poderia fazer mau juízo de suas clientes... Além do mais, eliminaria gorduras indesejáveis, ou poria carnes onde necessário, sem nenhum prejuízo para a saúde. E concluía:
  — Mesmo que o próprio Galeno desse uma espiada de sua sepultura e me dissesse que isto tudo fossem recursos indignos da profissão médica, eu lhe diria, friamente, que, com muito mais glória, preservo a imagem de Deus na sua beleza imaculada, numa boa face, do que o faria remendando todas as decadentes carcaças do mundo.
  E assim segue a vida, esquecida de si mesma, atordoada em loucura, desinteressada do futuro. Se ao menos o amigo Wyndham tivesse voltado para confirmar a vida

póstuma...
Aos 30 anos, tem notícia do nascimento de sua filha ilegítima com Elizabeth Barry, em Londres. Rochester estava doente, já prematuramente desgastado, numa de suas propriedades rurais. Em carta ao seu amigo Saville — outro companheiro de desatinos —, escreve que está "quase cego, completamente coxo e com remotas esperanças de ver Londres outra vez". Mas ainda se recuperaria para voltar a Londres e à vida tresloucada, com entreatos em sua propriedade em Woodstock, onde promovia bacanais memoráveis e distúrbios inenarráveis na vizinhança, com inocentes criaturas.

Enquanto isso, *Lady* Rochester, a jovem esposa, vivia por ali mesmo, a cerca de 15 milhas, em Adderbury, com os filhos, uma existência pacata, recolhida e sem horizontes.

E, por estranho que pareça, Rochester amava-a, à sua maneira, é claro, e respeitava-a. Ademais, adorava os filhos, e todos gostavam muito dele. Suas rápidas passagens pelo lar devem ter sido sempre momentos de alegria e descontração, pelo seu gênio alegre e pelas histórias que deveria contar, não as escabrosas, mas as que pudessem passar pelo crivo da moral. Nos seus filhos, segundo Graham Greene, ele via a única forma de imortalidade em que podia acreditar: a continuidade da vida nos descendentes.

Uma de suas cartas ao seu filho Charles preservou-se, com sérias recomendações sobre o bom procedimento e o amor a Deus, Greene comenta, depois de transcrevê-la, que não se trata do documento de um hipócrita. Ele realmente desejava para o filho uma vida diferente da sua, queria que o menino crescesse crendo em Deus e "não imitasse seu pai a caminhar no frio de um universo ateu". Diria, mais tarde, a Burnet que considerava muito felizes aqueles que tinham fé, "dado que isso não estava ao alcance de toda a gente".

É certo, porém, que, para um homem de seu talento e de suas inclinações para a vida libertina, as religiões predominantes na época não tinham muito a oferecer, ainda mais que disputavam ferozmente entre si não a supremacia dos corações e das consciências, mas a do poder temporal. É óbvio, também, que, mesmo na tormenta da sua vida inconsequente, ele ouvia em si a voz de Deus a chamá--lo. Mas chamá-lo para onde? Para o Catolicismo? Para o Protestantismo?

Num poema intitulado *"On Rome's Pardons"* ("Do perdão de Roma"), dizia que "se Roma pode perdoar pecados, como diz, e se tais perdões podem ser comprados e vendidos, não seria pecado adorar e venerar o ouro. Quando surgiu esse artifício ou quando começou? Quem é o seu autor? Quem o trouxe? Teria o Cristo criado uma alfândega para o pecado?"

Seja como for, ele deve ter encontrado mais lógica na doutrina reformista, pois conseguiu, já no final, converter sua mulher do Catolicismo para o Protestantismo anglicano.

Pouco depois, com o corpo devastado pelas doenças, e com o espírito ansioso, amargurado e cheio de remorsos, iniciaria, ao lado de Gilbert Burnet, a última aventura: a busca de Deus e da verdade escondida atrás do mistério da vida.

Esse dedicado sacerdote passou horas e horas ao lado do jovem Conde agonizante, e, meses depois da morte de Rochester, publicou, ainda em 1680, um precioso livro sobre a vida do malogrado amigo: *Algumas passagens sobre a vida e a morte do nobre John, Conde de Rochester, morto em 26 de julho de 1680.*

Muito gostaríamos de ter em mãos esse livro raríssimo,

O Conde de Rochester

pois é ele o verdadeiro testamento moral de um Espírito extremamente bem-dotado, mas mergulhado numa crise terrível de insatisfação consigo mesmo, sua vida e seus atos, diluído tudo numa loucura que durou umas poucas décadas e que acabou em agonias penosíssimas.

Seria preciso, também, percorrer os seus versos geniais para ver faiscar na lama escura da obscenidade a pedra cintilante das suas intuições, como, para citar um só exemplo, a intuição da reencarnação, colocada num verso que, de tão pornográfico, se torna irreproduzível.

Burnet foi o confidente da hora última, dia após dia, até o amargo fim, desde outubro de 1679, quando Rochester mandou buscá-lo. Depois dos primeiros encontros, "ele adquiriu confiança em mim" — escreve Burnet — "e abriu para mim todos os seus pensamentos, tanto em religião como em moral, proporcionando-me uma visão completa de sua vida, e não parecia aborrecer-se com minhas frequentes visitas".

É claro que, a princípio, o depoimento de Burnet foi considerado apócrifo, especialmente pelos amigos de Rochester, que não podiam aceitar a conversão, naqueles termos tão dramáticos, de quem realmente busca, aturdido e contrito, o sentido da vida, afinal revelado nas últimas horas. A passagem do tempo, no entanto, confirmou a autenticidade do livro, porque as pesquisas realizadas em dois séculos e meio em torno de Rochester deram credibilidade ao que o bom sacerdote documentou de maneira tão comovente.

Burnet foi o grande doutrinador junto de Rochester. Só que, em vez de doutrinar um Espírito já desligado, esforçava-se por levar uma parcela de luz e de esperança ao coração de um que partia e se preparava para enfrentar a realidade póstuma. Seu mérito é ainda maior quando nos lembramos de que ele dispunha apenas da precária teologia dogmática que a sua intuição e sua sabedoria devem ter suprido na extensão suficiente e necessária para acordar aquele Espírito ainda na carne.

Rochester estava, afinal, disposto a ouvir: o debate à beira do túmulo contém 302 linhas atribuídas a Rochester, e 1.671 a Burnet. Mesmo assim, não deve ter sido fácil a tarefa para o virtuoso e culto sacerdote, pois seu oponente desejava uma realidade que pudesse admitir com apoio na lógica, e não uma crença que teria de aceitar à base da fé sem especulação intelectual.

Achava o Conde que nossa concepção da ideia de Deus era tão insignificante que seria mera presunção pensar muito nele. Era melhor adorá-lo independentemente de qualquer culto religioso, mas com uma celebração genérica, como, por exemplo, com um hino.

Quanto à vida depois da morte, "apesar de achar que a alma não se dissolve com a morte, duvidava muito das recompensas, tanto quanto das punições: as primeiras, por achá-las muito elevadas para que as alcançássemos com os nossos minúsculos serviços, e as outras demasiadamente excessivas para serem impostas ao pecado".

Em suma: não podia aceitar Céu nem inferno. Portanto, admitia claramente que deveria haver outras formas de ajustar a alma ao bem, dado que ela sobrevivia à morte do corpo físico.

Desse ajustamento, também teve intuições maravilhosas, não apenas no verso pornográfico há pouco lembrado. Certa vez interrompeu Burnet para dizer o que pensava disso:

"Pensava ele" — escreve o sacerdote-biógrafo — "que o mais certo é que a alma *comece de novo*, e que a lembrança do que ela fez neste corpo, registrada nos desenhos do cérebro, tão logo ela é desalojada, tudo desaparece, e a alma é levada a algum novo estado para *começar um novo ciclo*" (destaques desta transcrição).

Ninguém poderia ter figurado melhor a ideia da reencarnação, há quase 300 anos! O único reparo que cabe fazer na suposição de Rochester é o de que as lembranças, embora gravadas no cérebro físico enquanto o Espírito está encarnado, apagam-se realmente deste, mas permanecem nos registros perispirituais, e quando a alma *começa de novo*, com um novo cérebro físico, ela se esquece por sua própria conveniência, mas apenas temporariamente, porque nenhuma lembrança se perde.

John Wilmot, Conde de Rochester, voltaria mais tarde para documentar, com narrativas realmente históricas, as doutrinas que confusamente sentia e que não tinha como expressar naqueles meses agoniados em que sua vida física se extinguia lentamente. Afinal de contas, como dissera George Etherege sobre o jovem Conde: "Sei que ele é um demônio, mas ele tem algo do anjo que ainda não se apagou nele." Ou seria o contrário: um anjo em potencial, no qual a face do demônio ainda não se apagara de todo?

Num verso inteligente e brejeiro, *Sir* Francis Fane parece ter tido não apenas a intuição da verdade, mas também a premonição do traçado futuro da vida de Rochester. Para ele, Rochester foi um alegre emissário do demônio que, de repente, para grande confusão do maligno, mudou o rumo da sua nau, e, em vez de liderar para o caos as almas perdidas, enfunou as velas na direção das regiões da felicidade eterna.

•

E assim tivemos a história sumária de John Wilmot, segundo Conde de Rochester, um Espírito que acabou por se encontrar a si mesmo, a despeito do alarido de suas paixões desencadeadas. Não apenas isso. De regresso ao mundo espiritual, depois de pelo menos mais uma vida na carne, resolveu escrever, através de sua amiga Wera Krijanowski, a mais bela mensagem do mundo: a de que o Espírito sobrevive e se reencarna tantas vezes quantas necessárias ao seu reajuste perante as Leis de Deus, insistentemente desobedecidas ao longo do tempo imemorial. Nada se esquece, nada se perde, tudo serve para a reconstrução do nosso mundo íntimo, até mesmo as nossas loucuras, porque também com elas aprendemos a dura lição da vida, que não precisava ser dura se o quiséssemos.

São muito populares no Brasil as obras mediúnicas ditadas por Rochester, mas uma parte considerável da sua produção histórico-literária ainda é desconhecida, segundo referências que colhemos no prefácio de *A vingança do judeu*, edição da FEB.

Das obras já traduzidas, além da citada, são mencionadas as seguintes, cujos títulos darei em português:

- *Tibério*
- *A abadia dos beneditinos*
- *O faraó Mernephtah*
- *O sinal da vitória*
- *Romance de uma rainha*
- *O chanceler de ferro*
- *Herculânum*
- *Naêma, a bruxa* (lenda do século XV)
- *A lenda do castelo do Conde de Montinhoso*

Entre as que ainda aguardam divulgação, são citados os seguintes títulos ainda em francês, mas aqui traduzidos:

- *O festim de Baltasar*
- *Saul, primeiro rei dos judeus*

- *O sacerdote de Baal*
- *Um grego vingativo*
- *Fraquezas de um grande herói*
- *O barão Ralph de Derblay*
- *Diana de Saurmont*
- *Dolores*
- *O judas moderno*
- *Narrativas Ocultas*

Só a leitura desses títulos nos aguça a curiosidade pelo mundo de revelações históricas que devem conter essas obras e as trajetórias de tantos Espíritos notáveis, no bem e no mal. Em *Dolores*, por exemplo, o autor espiritual narra acontecimentos ocorridos na Espanha e em Cuba, no século XVIII, quando teria vivido sua mais recente encarnação.

Há mais, porém: Rochester teria prometido aos amigos encarnados que compunham o círculo para o qual se manifestava escrever *As memórias de um Espírito* que, no dizer do prefaciador de *A vingança do judeu*, seria "o seu trabalho capital". Teria escrito essa obra? Se não o fez, sempre haverá tempo de fazê-lo, porque a vida se desdobra pelo infinito, as memórias permanecem indeléveis no substrato do Espírito, e o ser caminha para a realização do amor que marca o nosso retorno a Deus.

4

ASSOMBRAÇÃO: UM FENÔMENO MUITO SÉRIO

I

Com alguma experiência e certa dose de paciência tudo se encontra nos *sebos*, para onde refluem os livros velhos que, num passado distante ou mais recente, foram novos e até causaram impactos consideráveis. Às vezes, somos premiados com uma raridade esquecida e preciosa, como, por exemplo, o exemplar de *Les Phénomènes de hantise*, de Ernesto Bozzano, em tradução de Charles de Vesme (*Librairie* Félix Alcan, Paris, 1920), que enseja esta apreciação.

Em português, *hanter* corresponde a *assombrar*, sendo que não conheço a emigração da mesma raiz para o nosso rico idioma. Em inglês diz-se *to haunt*, conservando o mesmo sentido básico de FREQUENTAR certo lugar ou pessoa insistentemente. Há, até, em francês, o ditado: "*Dis-moi qui tu hantes, je ti dirai qui tu es.*" (Diga-me com quem andas (ou quem frequentas) que te direi quem és.) Por isso, tanto em francês como em inglês, o verbo é empregado para descrever as frequentes visitas de fantasmas a determinados locais, *Les Phénomènes de hantise* seriam, pois, fenômenos de assombramento, com as conotações da língua.

Seja como for, o livro de Bozzano cuida da interessantíssima fenomenologia que, em linguagem popular, denomina-se *assombração*, no Brasil.

•

O notável pesquisador italiano estudou 532 casos, dos quais classifica 374 como de assombração propriamente dita e 158 como *poltergeist*. E aqui damos com outra palavra *assombrada*, desta vez sacada à língua alemã e que se compõe de duas expressões: *poltern*, fazer barulho, e *geist*, espírito. Daí se depreende que *poltergeist* são fenômenos de efeito físico, geralmente acompanhados de ruídos e deslocação de objetos.

E já que estamos nas definições, vejamos a de Bozzano: *os fenômenos de assombração compreendem esse conjunto de manifestações misteriosas e inexplicáveis cujo traço característico essencial é o de ligarem-se de maneira especial a um local determinado.*

Segundo sua meticulosa metodologia, o autor classifica os fenômenos em *auditivos, visuais, táteis, olfativos* e *físicos*. Os auditivos e visuais são subdivididos em duas categorias: coletivos e eletivos. São coletivos aqueles percebidos por todos os presentes nos locais em que ocorrem, e eletivos os que são percebidos apenas por algumas pessoas, com exclusão de outras. Isso parece indicar que alguns sejam *objetivos* e outros *subjetivos*, mas o competente cientista italiano não se cansa de advertir que essas classificações

Assombração: um fenômeno muito sério

são mais para efeito didático, pois a fenomenologia não se enquadra rigidamente nos esquemas que imaginamos para ela. Acrescenta, por isso, com a honestidade que caracteriza o homem na busca da verdade, que a classificação deve "ser considerada provisória e convencional".

Acha ele, ainda, que os fenômenos subjetivos parecem ser, preferentemente, de natureza telepática, enquanto os *objetivos* ou *físicos* são de natureza mediúnica.

Que hipóteses poderiam ser formuladas para explicar tais fenômenos?

Bozzano oferece quatro. A primeira delas é de autoria de Adolphe d'Assier, apoiada na concepção positivista do Universo. Admitindo, ante provas incontestáveis, a existência do fenômeno, realiza ele um grande esforço no sentido de testificar que tais fenômenos não implicam sobrevivência da alma. Segundo essa doutrina esdrúxula, a natureza do fantasma seria efêmera, e, em pouco tempo, ele estaria desagregado sob a ação de forças físicas, químicas e atmosféricas que obrigariam a decompor-se, molécula por molécula, e a ser absorvido no meio ambiente.

Embora a hipótese seja acolhida com deferência, Bozzano liquida-a sumariamente, ao lembrar não ser nada científico imaginar "que a alma sobreviva somente para morrer de novo". Além do mais, acrescenta ele, são conhecidos casos em que os Espíritos persistem em manifestar-se durante vários séculos. Só isso bastaria para infirmar a hipótese materialista de D'Assier.

Restam-nos três eleições.

A *primeira* identifica os fenômenos de assombração com os de telepatia entre vivos. É a hipótese de Frank Podmore. Nesse caso, as manifestações seriam resultantes da ação telepática de pessoas encarnadas residentes ou não na casa assombrada, e que, conhecedoras dos fatos ali ocorridos, transmitiriam as imagens às testemunhas. Bozzano não a recusa sumariamente, porque poderia servir para explicar alguns fatos, embora jamais pudesse revestir-se da amplitude que Podmore imaginou para explicação de *todos* os fatos, como veremos.

A *segunda* teria seu apoio numa "lei da física transcendental conhecida sob o nome de *persistência das imagens*". Estaríamos aqui no domínio dos "clichês astrais" dos ocultistas e das gravações "akásicas" dos teósofos ou da "telestesia retrocognitiva" de Myers. Os fantasmas não seriam, pois, nada mais do que "uma espécie de emanação sutil dos organismos vivos perpetuados num ambiente habitualmente inacessível aos nossos sentidos". Também essa hipótese não é de todo refugada por Bozzano, que a considera digna de exame, em vista de sua identificação com a psicometria.

"Não obstante" — escreve o autor —, "ela também está bem longe de ser aplicável à maior parte dos fenômenos de assombração."

Vemos, assim, que das possibilidades examinadas, uma é totalmente inaceitável — a de D'Assier —, e as outras poderiam ser admitidas para explicar alguns fenômenos, mas não todos.

— A *terceira* escolha — escreve Bozzano — é a espírita, sem dúvida a mais importante, a *única* em condições de explicar *todos os casos*, cuja(s) causa(s) as anteriores são insuficientes para perceber; ela é capaz de vencer todas as dificuldades, desde que, todavia, se renuncie à versão popular da referida hipótese, segundo a qual, nos casos de assombração, se trata sempre da intervenção direta e da presença real de "Espíritos assombradores"...

Procuremos entender bem a ressalva levantada pelo autor. Indubitavelmente, a explicação oferecida pelo

Assombração: um fenômeno muito sério

Espiritismo — ele prefere chamá-la de hipótese espírita — é a sua predileta, e ele o diz claramente. Acha, no entanto, que nem sempre se verifica a presença real do Espírito manifestante quando o fenômeno se produz. Aliás, é bem mais radical, ao declarar que "tudo tende a fazer supor que, na grande maioria dos casos, a intervenção dos "Espíritos assombradores" toma a forma de transmissão telepática — consciente ou inconsciente — dos seus pensamentos, intensamente voltados, naquele momento, para os lugares onde eles viveram e para os acontecimentos trágicos que ali se desenrolaram".

Que isso seja possível, não se discute, mas talvez Bozzano "estique" demais a sua hipótese telepática para aplicá-la à "grande maioria dos casos". É que os fenômenos de telepatia costumam ser, na sua própria classificação, subjetivos e seletivos, e dificilmente se apresentariam acompanhados de efeitos físicos (sons, deslocamentos de objetos etc.). Isto quer dizer que o percipiente os veria subjetivamente, como uma visão interior: e mais, alguns percipientes, mais sensíveis, com exclusão de outros (seletividade). E não parece que neste quadro fosse possível encaixar *a maioria* das manifestações de assombramento.

Não resta dúvida, no entanto, para o autor, quanto à solidez indiscutível da chamada hipótese espírita, pois, logo abaixo, ao concluir sua *Introdução*, quando busca encontrar o elo com toda a fenomenologia sob exame, declara que:

"Em nosso caso, o elemento comum a todos os fenômenos é fácil de ser reconhecido: é o *espírito humano na sua dupla condição, encarnado e desencarnado*." (Destaques no original.)

Segue-se um capítulo — o segundo — sobre os fenômenos de assombração propriamente dita, seção auditiva.

O primeiro caso é extraído de um relatório da *Society for Psychical Research*, de Londres, e foi examinado por uma comissão da qual fazia parte Frank Podmore. Cuida de ruídos espantosos observados num vicariato inglês pelo pastor e sua esposa. Parecia que a casa vinha abaixo, sempre às duas horas da manhã, aos domingos. A manifestação provou ser inteligente, porque reagia com inaudita violência quando o pastor deblaterava contra ela. Era também eletiva, porque se verificou, depois, que podia, às vezes, ser ouvida pelos hóspedes do casal, e não pelos donos da casa. Por outro lado, as manifestações prendiam-se à casa, e não às pessoas, porque os fenômenos já eram conhecidos na redondeza por haverem ocorrido com outras famílias que ali haviam residido. Há casos, como se sabe, em que os fenômenos acompanham as pessoas.

Um número maior de casos semelhantes — que são raros — poderia, segundo Bozzano, conter grande valor teórico e favoreceriam consideravelmente a hipótese espírita.

O episódio seguinte, muito complexo pela variedade da fenomenologia apresentada, foi retirado dos *Annales des sciences psychiques* (1892-1893), e está muito bem documentado por vários testemunhos de valor irrecusável. O relato é feito pelo proprietário de um castelo assombrado localizado na região de Calvados, na França, cuja cidade mais importante é Caen.

As manifestações ocorreram por algum tempo, entre 1867 e 1868, e cessaram. Em 1875, recomeçaram com redobrada intensidade. Viviam no castelo o casal, um filho menor, um abade que desempenhava as funções de mestre

Assombração: um fenômeno muito sério

do menino, o cocheiro, o jardineiro, a arrumadeira e a cozinheira. Os barulhos eram percebidos por todos e ocorriam durante a noite. Eram pancadas nas paredes e nas portas. Gritos e gemidos lancinantes, desesperados, ruídos de móveis que estariam sendo arrastados e tombados ao chão, corpos pesados que caíam pareciam descer de degrau em degrau pelas escadarias ou subi-las com incrível rapidez, objetos que se deslocavam, desapareciam e reapareciam. Certa ocasião em que a senhora subia com o abade para verificar a origem de um ruído, ao se aproximar de uma porta, a chave girou na fechadura, desprendeu-se e atingiu-lhe a mão, ferindo-a. Medalhas e crucifixos, trazidos por um sacerdote que veio exorcizar a casa, desapareceram sem deixar traço. Dois ou três dias depois — os exorcistas já se haviam retirado —, a dona da casa escrevia qualquer coisa em seus aposentos quando um enorme embrulho contendo as medalhas e os crucifixos caiu diante dela, em cima da mesa.

Há também um fenômeno muito curioso, que ficou sem explicação. Um dia, o dono da casa executou algo no harmônio, por longo tempo. Ao fechar o instrumento, uma parte das árias, que havia tocado, repetiu-se no canto oposto do salão.

Neste caso, os fenômenos eram coletivos — todos os percebiam nitidamente —, predominantemente auditivos, porque os ruídos não eram provocados por nenhum corpo ou objeto visível. E também de efeitos físicos, pois os objetos se deslocavam, sumiam e reapareciam inexplicavelmente.

É uma pena que em tais circunstâncias não se tenha realizado uma sessão mediúnica para estudar as causas do fenômeno, e, talvez, até resolver o conflito espiritual do qual, evidentemente, ele resultava. Veremos um ou dois casos em que isso foi feito.

No caso há pouco relatado, há um pormenor interessante. O castelo em que ocorreram as manifestações havia sido construído a 150 metros do antigo, que estava em ruínas. Como o antigo castelo fosse também assombrado, Bozzano admite a hipótese de que os fenômenos tenham sido *transferidos* com os móveis e os materiais de demolição reutilizados. É de se perguntar se as vibrações psicométricas ligadas aos móveis e aos aludidos materiais teriam energia suficiente para produzir tal variedade de fenômenos, os estrondos, que abalavam até as paredes, os gritos e, por fim, os efeitos físicos de deslocamento, bem como desmaterialização e rematerialização de objetos concretos de metal e madeira. Tudo leva a crer na existência, por trás dessas manifestações, de Espíritos bem versados na manipulação de leis muito importantes da física transcendental.

Em outro caso, três estudantes de Medicina pactuam: se um deles morresse, os outros poderiam ficar com o esqueleto para objeto de estudo, desde que os ossos ficassem sempre em poder de algum amigo. Se não fosse possível satisfazer tal condição, o esqueleto deveria ser sepultado.

Quando um deles morreu, um dos sobreviventes ficou com o esqueleto e, através dos anos, e várias peripécias, sempre que o esqueleto era relegado a uma condição vexatória, em desacordo com o pacto, começavam os fenômenos de assombração: ruídos de passos que iam e vinham, batidas, barulho ensurdecedor de garrafas que se chocavam, que se quebravam e caíam no chão, sem nenhum fenômeno físico, ou seja, as garrafas lá estavam intactas.

Bozzano não tem dúvida alguma em indicar a hipótese espírita. Há uma correlação perfeita entre as declarações feitas pelo jovem estudante e os fatos póstumos. Cada vez que

Assombração: um fenômeno muito sério

seus ossos eram tratados de maneira diferente do combinado, ele, evidentemente, protestava, de maneira inequívoca.

•

No capítulo 3, cuida o autor das manifestações visuais, que, como todas as relatadas por Bozzano, são escrupulosamente bem documentadas. O de número 4, por exemplo, desenrolou-se numa casa construída em 1860, e que durante 16 anos foi ocupada pelo seu proprietário. Nesse lapso de tempo, morreu a primeira esposa e, sufocado pelo desgosto, ele passou a beber desregradamente. Dois anos depois, casou-se com uma jovem disposta a curá-lo, mas que, infelizmente, também adquiriu o vício da bebida. Em julho de 1876, deu-se a separação e a esposa foi viver em outra cidade. Meses após, ele morreu, e, em setembro de 1878, ela também. Estavam assim desencarnados as três personagens da tragédia. A casa em que viveram foi adquirida por um velho que logo morreu também. Quatro anos depois, o imóvel foi comprado pelo capitão Morton, pai da moça que fez a narrativa à *Society for Psychical Research*, que Bozzano reproduz, em essência.

Em abril de 1882, a nova família instalou-se na residência fatídica, ignorando os boatos que corriam a respeito. Dois meses depois, *Miss* Morton conta seu primeiro encontro com o fantasma:

"Acabara de me recolher ao meu quarto, mas ainda não me deitara, quando percebi que alguém se aproximava da porta. Pensando tratar-se de minha mãe, fui abri-la. Não vi ninguém, mas, saindo para o corredor, percebi uma senhora alta, vestida de preto, parada no patamar da escada. Quando cheguei perto dela, ela começou a descer e eu a segui, curiosa de saber quem era. Infelizmente, a lamparina que eu levava apagou-se de repente, obrigando-me a voltar. Conseguira ver, no entanto, uma forma feminina muito alta, não produzindo qualquer ruído ao caminhar, vestida de lã preta. Sua fisionomia ocultava-se atrás de um lenço que ela segurava com a mão direita. A mão esquerda estava parcialmente escondida na ampla manga na qual se via uma braçadeira negra, distintiva de seu luto de viúva. Ela estava sem chapéu, mas era visível sobre a cabeça uma touca envolvida num véu. Não pude observar mais nada, mas em outras ocasiões consegui perceber uma parte de sua testa e de seus cabelos."

Nos anos seguintes, de 1882 a 1884, *Miss* Morton viu o fantasma cinco ou seis vezes. Outras pessoas da casa também o viram três vezes, isoladamente: sua irmã, a empregada e, enfim, seu irmão, juntamente com outro menino. O fantasma costumava descer a escadaria, entrar no pequeno salão e permanecer de pé ao canto direito da varanda, onde se demorava algum tempo. Em seguida, voltava sobre seus passos e percorria o longo corredor até a porta do jardim, onde desaparecia.

A moça era destemida e estava disposta a desvendar o mistério da aparição. Em 29 de janeiro de 1884 teve oportunidade de encontrar-se com ela face a face. O momento ficou documentado em carta que ela escreveu, na época, a uma amiga:

"Abri suavemente a porta do pequeno salão" — diz a narradora — "e me introduzi ali junto com ela. Ela, porém, adiantou-se, alcançando o sofá, onde permaneceu imóvel. Abordei-a logo e lhe perguntei em que poderia ser-lhe útil. A essas palavras, ela estremeceu ligeiramente e parecia disposta a falar, mas apenas emitiu um ligeiro suspiro. Em seguida, dirigiu-se à porta e, quando alcançou a soleira, eu repeti minha pergunta, mas parece que ela não queria mesmo falar. Foi até o salão e prosseguiu até a porta do jardim, onde desapareceu, como de costume." Em outras ocasiões, a moça tentou tocá-la, mas o fantasma parecia sempre fora de seu alcance; se a seguia até um canto do cômodo, ela desaparecia subitamente. Convivendo, assim, praticamente durante mais de dois anos com um fantasma, foi possível observá-lo bem, e, como assinala Bozzano, embora o caso não tenha nada do sensacionalismo de tantos outros, presta-se a uma autenticação indiscutível, pois foi presenciado por várias pessoas sadias e idôneas, em diferentes oportunidades, ora sozinhas, ora acompanhadas. A visão, às vezes, era eletiva — vista por uma ou mais pessoas à exclusão de outras — e, às vezes, coletiva, ou seja, percebida por todos os presentes, como na noite de 12 de agosto de 1884, quando foi vista pelas duas irmãs, ao mesmo tempo, e, mais uma vez, *Miss* Morton tentou inutilmente falar com o Espírito. Obviamente sem conhecer nada da fenomenologia mediúnica, a narradora informa, contudo, que, em presença do fantasma, sentia "perder algo, como se a *forma* retirasse dela uma força". Parece evidente que a moça fornecia ectoplasma para a materialização parcial do Espírito, que, assim, podia objetivar-se e produzir uma manifestação coletiva. De outras vezes, porém, sem recorrer ao ectoplasma, a forma aparecia apenas aos médiuns videntes e, por isso, recaía na classificação de manifestação eletiva proposta por Bozzano.

•

No caso número 4, algumas irmãs veem simultânea ou sucessivamente o mesmo Espírito, ao ar livre, sempre em determinado ponto do caminho, com a mesma roupa antiquada. Bozzano elimina a hipótese da alucinação patológica, porque a vestimenta do Espírito vista por diferentes pessoas era sempre a mesma e desconhecida de todas as testemunhas.

Em outro caso narrado por Robert Dale Owen, em seu livro *The Debatable Land*, também não se trata de simples fenômeno de assombração, porque o Espírito apresenta evidentes sinais que o identificam pessoalmente.

•

O caso nº 7 merece um relato mais pormenorizado, em vista das implicações teóricas que Bozzano expõe depois de narrá-lo. Trataremos de resumi-lo, sem prejuízo do conteúdo:
"A Sra. O'Donnell chegou a Brighton (Inglaterra) em 22 de março de 1898, em companhia da filha, para passar alguns dias em repouso. Instalaram-se numa pensão, em cômodos amplos e confortáveis. Eram excelentes as perspectivas de tranquilidade e despreocupação, mas, à medida que a tarde caía, uma desagradável sensação de angústia começou a oprimir a Sra. O'Donnell. À noite, quando se recolheu ao leito, adormeceu para acordar pouco depois sobressaltada por uma terrível barulheira no andar superior. Teve a 'impressão de que seu quarto estava cheio de gente'. Como o barulho durasse a noite toda, ela não conseguiu dormir, e, pela manhã, exausta e nervosa, queixou-se à arrumadeira de que os hóspedes do andar superior não tinham consideração alguma por ninguém, mas lhe foi assegurado que os cômodos lá em cima estavam desocupados.

Durante o dia continuou a sentir-se deprimida e inquieta, e, na noite seguinte, repetiu-se o tumulto que novamente durou até a madrugada. No terceiro dia, totalmente esgotada e insone, foi deitar-se às 23 horas, depois de despedir-se da filha, que dormia no cômodo ao lado. Logo começaram os passos no andar de cima, e, durante cerca de uma hora, ela continuou em estado de tensão insuportável, a contemplar a chama da lareira que havia feito acender.

— Depois — conta ela —, senti necessidade de me virar e, então, com um pavor inexprimível, percebi ao meu lado um espectro horrível que, com uma das mãos, me indicava o quarto contíguo e com a outra apontava para mim, quase me tocando.

Ao contrário da *Miss* Morton, a quem a pouco nos referimos, a Sra. O'Donnell entrava em pânico facilmente. Escondeu a cabeça sob as cobertas, tentando convencer-se de que aquilo era pura imaginação, mas ao olhar de novo, lá estava o espectro.

Reunindo a coragem que ainda lhe restava, estendeu a mão, na esperança, talvez, de que *aquilo* fosse realmente uma espécie de miragem, mas tocou 'uma coisa substancial'. Qual não foi seu horror, no entanto, ao sentir-se 'agarrada pela mão gelada do morto'!

Diz ela que, a partir desse momento, de nada mais se lembra. Pela manhã, quando a filha veio vê-la, havia perdido a voz, que, depois, recuperou.

Para a quarta noite, trocou de quarto com a filha, mas o fantasma voltou. Cerca de meia-noite, ela viu-o *abrir a porta*, que estava fechada a chave, e entrar. Era um jovem de pequena estatura, tez morena, maneiras distintas e, tal como já o vira na noite anterior, tinha a roupa suja e em frangalhos. Parecia mais um espantalho do que um ser humano. Dessa vez ele falou:

— A senhora está ocupando agora o quarto do escocês?

— Então o Espírito sorriu, amavelmente (diz ela), e voltou sobre seus passos, saindo do quarto, como havia entrado.

Na manhã seguinte, a pobre Sra. O'Donnell estava desesperada. Embora a dona da pensão continuasse a negar que sua casa fosse assombrada, uma investigação pela redondeza revelou que ali se suicidara há pouco tempo um jovem, o que, aliás, a dona da pensão acabou confirmando. Tinha 24 anos, era franzino, de pele morena e bem-educado. Sofria de bronquite crônica e estava muito deprimido. Certa manhã declarou que se sentia melhor, mas, assim que se encontrou sozinho, atirou-se pela janela e espatifou-se no pátio interno, de onde foi recolhido ainda com vida, sujo e com a roupa dilacerada como a Sra. O'Donnell o vira. Era verdade, também, que no quarto ao lado se hospedara um escocês, amigo dele. Daí sua observação à Sra. O'Donnell."

O caso foi minuciosamente investigado pela *Society for Psychical Research* e comentado por Frederick Myers. Descobriu-se que o jornal local — *The Sussex Daily News* — anunciara realmente o suicídio de um jovem por nome Walter Overton Luckman, na casa de número 58, à York Road, onde se hospedara a Sra. O'Donnell com a filha.

Observou-se, também, que a moça nada ouvira de todo o barulho e não viu fantasma algum, o que torna uma aparição eletiva, na classificação de Bozzano. É certo também que ele conseguiu identificar-se nitidamente, materializar-se o suficiente para agarrar a Sra. O'Donnell, falar com ela e dar-lhe uma informação que ela não podia conhecer, ou seja, a de que ela estava dormindo no quarto do escocês. Quanto ao fenômeno da porta, parece ter sido subjetivo, ou seja, a porta não foi aberta de fato, mesmo porque fora encontrada depois fechada a chave, como antes. Isso não quer dizer que, às vezes, os fantasmas materializados não abram portas. Isso fazem, e deixam-nas abertas para verificação posterior, produzindo, portanto, um fenômeno objetivo.

Pois, com tudo isso, Myers, que, aliás, aceita perfeitamente a sobrevivência (veja-se sua obra clássica intitulada *Human Personality*), nega a objetividade da maioria das aparições, admitindo apenas que, em certo número de casos, há "uma modificação qualquer no espaço" onde se localiza o fantasma. Se entendo bem, isto quer dizer que não se trataria de uma presença real do Espírito naquele ponto, mas de uma "modificação no espaço", promovida talvez telepaticamente ou, como diz ele, "no mundo metaetérico", e não no mundo da matéria.

Bozzano promete comentar a tese da manifestação telepática mais adiante no livro, mas não deixa de fazer uma observação absolutamente válida e pertinente: é que, em inúmeros exemplos, a aparição do fantasma é precedida por uma impulsão mais ou menos irresistível de parte do percipiente para voltar-se e olhar na direção onde se encontra o ser manifestado. Isso acontece, de fato, nas manifestações que ele classifica como telepático-subjetivas, porque, mesmo que o fantasma não esteja localizado num ponto específico do espaço físico, como acontece nas percepções objetivas, a visão interior provocada por um impulso telepático não se fixa no espaço físico como a manifestação objetiva de um Espírito materializado, ou pelo menos suficientemente provido de ectoplasma para ser visto, simultaneamente, por várias pessoas, mas bem pode dar-se no mundo metaetérico, com localização própria, a partir do impulso gerador.

Não é fácil, porém, remover a teimosia dos céticos, porque os partidários da telepatia teorizam um pouco mais para dizer que, no caso de uma percepção coletiva, se todos veem o fantasma caminhar da mesma maneira e fazer os mesmos gestos, ou dizer as mesmas palavras, isso se deve a que o agente transmitiu aos percipientes as mesmas impressões mentais. Assim não é possível!

Na realidade, a teoria não encontra o menor apoio na bem documentada experiência de inúmeros casos analisados, pois cada observador percebe o fantasma "em plena correspondência com as leis da perspectiva, isto é, de frente, de perfil ou de costas, segundo a posição que ocupe relativamente ao percebido, *exatamente como acontece com as percepções objetivas*".

A despeito disso, porém, Bozzano é de opinião que o problema da objetividade ou subjetividade dos fantasmas está longe de ser resolvido, pois as manifestações são, às vezes, algo desconcertantes pelo fato de conterem elementos de uma e de outra forma concomitantemente. Um bom exemplo, como vimos, é o próprio caso que acabamos de resumir. O fantasma é, ao mesmo tempo, suficientemente objetivo para falar com a Sra. O'Donnell, e até mesmo agarrá-la pelo braço, e, no entanto, entra por uma porta fechada a chave, que permanece fechada, como depois se verificou.

II

Para o caso nº 9, Bozzano informa que a "hipótese espírita é a única que se revela capaz de explicar os fatos de modo satisfatório".

Vejamo-lo, em resumo. O fantasma de uma idosa senhora pequenina e frágil é visto várias vezes, tanto pelas crianças como pelo pai, que, a princípio, imponente e agressivo como tantos incrédulos, acaba recebendo o impacto de uma visita do fantasma em seu gabinete de trabalho, a plena luz de gás. (Os fenômenos passam-se em 1854,

Assombração: um fenômeno muito sério

na Inglaterra, e foram investigados minuciosamente por Gurney, por conta da S.P.R.) A dona da casa vê, além da senhora, o fantasma de um homem. Ouvem-se ruídos, cantos, choro de um recém-nascido e gritos lancinantes. Algo, porém, ainda intriga Bozzano: é a persistência das manifestações.

"Nada de mais misterioso no fenômeno de assombração" — diz ele, à pág. 92 — "do que esse prolongamento através dos séculos; e, se é verdade que não existem hipóteses naturalistas capazes de explicar o mistério, não se diria que a tarefa houvesse de ser fácil para a hipótese espírita."

Essa persistência parece realmente embaraçar o eminente pesquisador italiano, pois ele menciona-a em outros pontos de sua obra. Como o fenômeno da assombração está, em sua esmagadora maioria, ligado ao problema da morte, parece-lhe difícil admitir que o fantasma possa ficar durante tão largo tempo preso a um determinado local, onde viveu, sofreu, foi assassinado, ou cometeu algum crime, ou onde se encontram seus bens. No entanto, isso é indiscutível, pois a fixação do Espírito desencarnado a certos locais está na razão direta da intensidade daquilo que o próprio Bozzano classifica de monoideísmo. Por anos e anos, e até por séculos, ele não consegue pensar noutra coisa senão em seu drama íntimo, nas tragédias que viveu, nas vinganças que pretende exercer, perambulando nos locais onde sofreu, alienado, fixado, obcecado pelas suas angústias.

Tivemos disso um exemplo extremo, certa vez, na experiência mediúnica. O Espírito manifestante ainda estava preso ao contexto da Roma dos Césares, e, diante de nós, orou a Diana, a Júpiter e a Apolo. Sentia ainda a aflição respiratória causada pela lança que o matara há séculos e contou-nos, mais tarde, já em melhor estado, que continuava preso àquelas ruínas, onde vagava atormentado pelos impiedosos comentários dos turistas que visitavam aqueles locais, onde ele vivera e sofrera, na inconsciência de muitas loucuras.

Para o Espírito desencarnado o tempo não conta como para nós, e não está separado metodicamente em minutos, horas, dias, anos e séculos ou milênios, e muitos são os que perderam de vista os pontos de referência que permitem avaliar o deslocamento na direção do futuro.

•

Como disse e repito, é impraticável reproduzir e comentar todos os notáveis casos relatados por Bozzano. Mesmo selecionando pouco mais de três dezenas de episódios, dos 532 que estudou, Bozzano escreveu mais de 300 páginas.

Vamos, pois, apenas mencionar alguns, como o caso em que a aparição se reflete num espelho, outro em que, apesar de estar diante de um espelho, a aparição não se reflete nele. Ou daquele outro, este entre vivos, em que um jovem cochila na poltrona de um clube e "sonha" que chega a casa, abre a porta e sobe a escada às pressas, a fim de vestir-se para o jantar. Ao subir, volta-se e vê o pai que o contempla. Nesse ponto, desperta e, verificando que é tarde, vai às pressas para casa, onde constata que seu pai havia assistido ao seu "sonho" e sua mãe estranhou que ele tivesse passado à porta do seu quarto sem cumprimentá-la, como de costume.

Bozzano arrisca uma classificação, a meu ver, inaceitável: clarividência telepática em sonho. Mas não parece satisfeito com a sua própria teoria, e propõe outra, dizendo: "a menos que desejemos considerá-lo como um caso de

Assombração: um fenômeno muito sério

'bilocação durante o sonho'", hipótese perfeitamente válida, pois, a meu ver, o Espírito do jovem desprendeu-se e foi a sua casa, onde foi visto pelo pai e entrevisto ou ouvido pela mãe, pois também provocou efeitos sonoros ao abrir a porta e caminhar.

Há um caso semelhante passado na Escócia, onde uma senhora sonhava constantemente com uma casa, sempre a mesma, que ela acabou conhecendo nos seus mínimos detalhes. Tempos depois, o marido alugou uma casa e, quando trouxe a esposa, esta reconheceu a casa dos seus sonhos. Há, porém, um aspecto ainda mais curioso: a proprietária da casa reconheceu na sua nova inquilina o espectro que vinha causando ali contínuos fenômenos de assombração.

— Ah! — diz a proprietária, ao vê-la — a senhora é a dama que assombrava meu quarto de dormir...

Bozzano lembra que a telepatia não pode explicar este episódio.

Em outro ensejo, os fenômenos de assombração (ruídos, estrondos, queda de objetos pesados, arrastamento de móveis) levam duas senhoras a realizar uma pequena sessão mediúnica, na qual o Espírito manifestante diz apenas que se trata de uma advertência e declara, tudo pela tiptologia, chamar-se Lewis. No dia seguinte, os jornais noticiam que um homem desconhecido foi morto por um trem. Alguém informa, depois, a uma das senhoras, que conheceu o morto e que ele se chamava Lewis. Três dias depois do acidente, em nova sessão, ele se manifesta novamente e diz que não pudera ter sossego enquanto não identificaram seu cadáver.

Em caso ocorrido na Itália, dois amigos combinam uma forma de manifestação *post mortem*, como, por exemplo, quebrar alguma coisa na sala em que conversam, como a luminária que pende sobre a mesa. Se o dono da casa morrer primeiro, ele irá à casa do outro fazer coisa semelhante. Como combinado, morre um e vem quebrar o objeto, com "golpes secos, de um timbre especial, como se provocados pelas juntas dos dedos da mão". Bozzano opina que a experiência possui "o valor de uma prova de identificação espírita", tendo sido realizada "conforme a promessa feita pela entidade comunicante", quando viva, ou seja, encarnada. Neste, como em tantos outros exemplos, a teoria telepática é inaceitável, pois a "mensagem" seria incapaz de quebrar um objeto sólido. Ficamos, pois, com "a intervenção direta e a presença real da entidade comunicante", como diz Bozzano.

Ao concluir esta longa exposição e análise dos casos apresentados, dos quais oferecemos apenas uma discricionária amostragem, Bozzano declara ter *provado* o seguinte:

1) Que todas as formas de manifestações características de fenômenos de "assombração propriamente dita" são idênticas nos fenômenos de "telepatia entre vivos";
2) que, analisando os casos de "telepatia entre vivos", se descobre a via de transição pela qual os fenômenos telepáticos se transformam em casos de "assombração propriamente dita";
3) que disso ressalta evidente a origem comum dos dois tipos de fenomenologia e, por conseguinte, que os fenômenos de "assombração propriamente dita" podem ser, em grande parte, explicados pela teoria "telepático-espírita";
4) que os automatismos dos fantasmas assombradores encontram perfeita correspondência nos automatismos dos "fantasmas telepáticos", o que confirma ulteriormente a origem telepática dos primeiros e refuta a opinião daqueles que, ante o fato do

automatismo, concluem pela inexistência de ligações causais entre defuntos e fantasmas;
5) que os fenômenos telepáticos ensinam-nos que o automatismo dos fantasmas depende do fato de que frequentemente o agente ignora que transmite ao percipiente a visão de seu próprio fantasma, donde deriva, logicamente, que as andanças automáticas correspondentes dos fantasmas assombradores deveriam ser atribuídas à ação do pensamento inconsciente dos defuntos que se manifestam;
6) que as formas de manifestação tão frequentemente vulgares e absurdas das duas espécies de fenomenologia explicam-se pelo fato de que mais comumente eles procurem o "curso de menor resistência" percorrido pela mensagem supranormal para saltar do subconsciente para a consciência, ou, também, para se projetarem sob forma objetiva, o que nos levaria a dizer que as manifestações de assombração não têm senão um valor de *anúncio* ou *lembrança*, com que os defuntos se esforçam por atrair a atenção dos vivos;
7) que a teoria e as regras expostas, como todas as regras e todas as teorias, não são absolutas, mas relativas, e comportam numerosas exceções.

Muito teríamos a comentar aqui, mas receio que o artigo se prolongue demais, especialmente sobre a brilhante e irrefutável análise crítica que o autor faz a seguir das teorias de Podmore. Não resisto à imposição de citar algumas frases: *não é lícito nem lógico converter em "regra" uma "exceção"*, para, em seguida, servir-se dela, a fim de explicar fenômenos de assombração e negar as manifestações dos defuntos em geral.

Logo adiante, ao iniciar o capítulo 5, declara o ilustre autor que *não é possível aplicar tais conclusões* (anteriormente esboçadas e aqui reproduzidas) *aos fenômenos de assombração sem lançar mão da hipótese espírita...*

Ou, ainda, à página 149: *não há razão para não admitir que um "Espírito desencarnado" não esteja sujeito às mesmas leis psicológicas que um "Espírito encarnado" e, por consequência, que não haveria motivos para não admitir que, desde que a consciência de um agonizante esteja perturbada por emoções ou preocupações ansiosas, ele não pudesse constituir certas formas de "monoideísmos* post mortem*" análogas às a que estão sujeitos os vivos. Daí os fenômenos de assombração.*

A tese de Bozzano aqui é a mesma defendida alhures no seu magnífico livro *Animismo ou Espiritismo?* (edição FEB), ou seja, a de que os Espíritos desencarnados podem provocar fenômenos idênticos ou semelhantes aos que produzem os encarnados, pois o Animismo confirma o Espiritismo.

É preciso deixar bem claro que ele chama de *monoideísmo post mortem* as fixações do Espírito desencarnado que leva anos ou séculos a pensar repetida e obsessivamente as mesmas ideias, a evocar as mesmas lembranças, a reviver as mesmas cenas, a sofrer as mesmas dores.

III

Com o capítulo 6 penetramos pelo fascinante domínio da psicometria, que Bozzano considera como uma das hipóteses dignas de consideração no estudo dos fenômenos de assombração, em alguns casos específicos. Veremos isso.

Sempre preocupado com o espaço, creio desnecessário recapitular aqui as noções acerca da psicometria, questão, aliás, tratada pelo próprio Bozzano em um dos seus muitos trabalhos, também editado pela FEB, sob o título *Os enigmas da psicometria*.

Lamenta o autor a impropriedade do termo psicometria, mas reconhece que ele está de tal forma implantado que seria prejudicial recomendar outro. Diz mais que o fenômeno se reporta — se bem que com ligeira diferença — ao que os ocultistas chamam de "clichês astrais", os teósofos, de "impressões *akásicas*", Myers, de "telestesia retrocognitiva", e outros pesquisadores, de "persistência das imagens".

"Segundo a hipótese da psicometria" — escreve Bozzano —, "a matéria inanimada teria a faculdade de registrar e conservar em estado potencial toda sorte de vibração e emanação física, psíquica e vital, da mesma forma que a substância cerebral possui a propriedade de registrar e conservar em estado latente as vibrações do pensamento."

Haveria, pois, além da memória cerebral, uma espécie de memória cósmica que documentaria, como num videoteipe, os acontecimentos verificados pelo Universo afora. Acha Bozzano que a analogia é perfeita e que nada do ponto de vista científico, como as leis físicas ou fisiopsíquicas formuladas pela Ciência, contrariam a hipótese.

O tema é deveras atraente e se presta a pesquisas e especulações que raiam pelo campo da ficção científica. A impressão que se tem é a de que este setor do conhecimento humano, ainda pouco explorado, guarda surpresas espetaculares em que teremos de nos haver com os próprios e misteriosos mecanismos do tempo. Mas isso é outra história.

Lembra Bozzano as especulações de Paracelso, Schopenhauer e Fechner sobre o assunto, e, de maneira mais específica, o Dr. Buchanan e seu discípulo Dr. Denton, que, com a esposa deste, fizeram interessantíssimas experiências, relatadas no livro *The Soul of Things* (*A alma das coisas*) e em *Nature's Secrets or Psychometric Researches* (*Segredos da Natureza ou pesquisas psicométricas*).

Recorda, a seguir, a hipótese formulada por monsenhor Benson (publicada em *Light*, de 1912, pág. 460), segundo a qual as tragédias, como um assassinato, impregnariam a substância das coisas materiais com vibrações de intensa emotividade emanadas das violentas cenas ali desenroladas, o que possibilitaria a visão posterior naqueles locais por pessoas dotadas de sensibilidade apropriada.

Embora reconhecendo a força da hipótese, que é a da psicometria, ainda que não com esse nome, Bozzano declara-a insustentável, dado que existem inúmeros episódios aos quais ela não se adapta, e uma hipótese somente é aceitável quando nela cabem todos os fatos da mesma natureza.

Há, no entanto, algumas experiências curiosas que parecem justificá-la. Uma delas foi narrada à Sociedade Biológica de Paris, em 10 de fevereiro de 1894, pelo Dr. Luys.

Andava ele experimentando com uma espécie de coroa de aço imantada que colocava na cabeça de pacientes seus em estado de hipnose. A coroa circundava o crânio, deixando livre a região frontal. Certa vez, uma coroa fora utilizada na cabeça de uma mulher em estado de profunda melancolia, com ideia de perseguição, agitada e com tendência ao suicídio. O tratamento foi realizado cinco ou seis vezes com a referida senhora, e, em vista das melhoras que ela apresentou, o Dr. Luys deu-lhe alta após dez dias. Cerca de duas semanas depois, ele colocou a mesma coroa na cabeça de outro paciente, um homem que sofria crises frequentes de histeria e letargia. Qual não foi sua surpresa ao verificar que o seu paciente, em estado sonambúlico, queixava-se dos mesmos sintomas da senhora que ele tratara anteriormente. Falava de si mesmo como se fosse do sexo feminino e mencionava perseguições, assumindo, enfim, a personalidade da doente que lhe precedera no uso da coroa imantada.

O Dr. Luys conclui que a coroa teria "conservado a lembrança de seu estado anterior". Embora ele afirme ter reproduzido esse fenômeno muitas vezes, por vários anos, com esse paciente e outros, não me parece muito conclusivo o seu trabalho. Não é de se desprezar a hipótese de que o homem, tido por histérico, com crises constantes de letargia, não fosse mais do que um médium a incorporar o mesmo Espírito que se apossara da mulher doente, caso em que a coroa imantada seria apenas um suporte material da manifestação. É preciso, no entanto, evitar especulações ociosas com base em fatos escassamente documentados. De qualquer forma, não é fora de propósito a teoria de que os Espíritos se ligam por tempo indeterminado a certos objetos ou locais, pois isso constitui a verdadeira essência do fenômeno de assombração.

Um caso desse é relatado por Katharine Bates, em seu livro *Seen and Unsen* (*Visível e invisível*).

Miss Bates hospedou-se numa pensão à Rua Trumpington, número 35, em Cambridge, em maio de 1896, e, embora estivesse viajando com uma amiga, ficou só por uma noite, pois a amiga fora a Shelford. Naquela noite, duas vezes durante a semana, ela teve o mesmo *sonho*, no qual lhe aparecia com insistência um homem que em tempos idos tivera com ela um profundo envolvimento emocional e que agora vinha queixar-se por não tê-lo permitido esposá-la. Ela despertava angustiada e, ao readormecer, o mesmo homem lá estava a queixar-se dela. O quarto parecia realmente assombrado. *Miss* Bates pôs-se tenazmente a investigar o caso, pois seu antigo amado havia estudado em Cambridge durante dois anos. Parecia, no entanto, algo fantástico que após 28 anos, em visita à cidade, ela fosse hospedar-se no mesmo quarto que ele ocupara então. E, no entanto, isso era estritamente verdadeiro, como ela apurou por processos que seria longo relatar aqui.

Mesmo assim, não sei se o episódio pode ser explicado como um fenômeno de psicometria. Acho que não, pela simples razão de que ela não vê ali o desenrolar de cenas que teriam ocorrido, como se o ambiente guardasse a memória dos acontecimentos, como é da essência do fenômeno psicométrico, mas sim ela vê, em sonhos — ou seja, desdobrada pelo sono — um ser humano que a censura por não ter concordado em casar-se com ele. Encontra-se ele, pois, num contexto atual, a reclamar de um evento passado, ocorrido há muito tempo. Ao que parece, o antigo namorado — que ela não esclarece se estava encarnado ou não à época do "sonho" — aproveitou a oportunidade de estar a sua amada em local no qual viveu para interpelá-la. Honestamente, não vejo aí as características da psicometria.

O caso seguinte é relatado pela senhora Denton, num dos seus livros já mencionados.

Aguardava ela, em companhia do marido e dos filhos pequenos, um trem que os levaria à cidade de Peru, no estado de Illinois, nos Estados Unidos. Quando o trem parou, uma voz gritou aos passageiros, alertando-os de que dispunham de 20 minutos para jantar, e eles se precipitaram para a plataforma. Ela apanhou as crianças pela mão, enquanto o marido cuidava da bagagem. Grande foi sua surpresa ao ver que, ao contrário de sua expectativa, o vagão estava ainda cheio de gente. "Muitos passageiros" — diz ela — "continuavam sentados e imóveis como se lhes fosse indiferente acharem-se naquela estação, enquanto muitos outros se preparavam para descer. Quanto a estes, eu os via confusamente."

Assombração: um fenômeno muito sério

No entanto, ela vira, pouco antes, todos descerem para jantar! Estava disposta a procurar outro vagão, quando observou que as figuras imóveis nos bancos começaram a se desfazer, deixando-a ainda com tempo para observar fisionomias e detalhes de suas vestes. Quando os companheiros de viagem voltaram do jantar, ela pôde conferir algumas faces e as mesmas roupas que já havia visto. Que se passou aqui? A hipótese da Sra. Denton é perfeitamente cabível. Ela acha que uma pessoa imobilizada durante algum tempo, no mesmo local, irradia em torno de si uma "espécie de fluido que, de alguma sorte, fixou-se na atmosfera e aí imprimiu sua imagem".

Isto parece confirmado por pesquisas recentes que, por meio de filmes especiais, conseguem obter fotografias ainda algo imprecisas, mas suficientemente nítidas para mostrarem o contorno de figuras humanas que não se acham mais no local fotografado.

•

Os dois episódios seguintes, embora reproduzidos no capítulo dedicado à hipótese psicométrica, são extremamente complexos do ponto de vista teórico, como o próprio autor reconhece.

O primeiro foi narrado à Sra. Sidgwick, em documento datado de 7 de fevereiro de 1882, por uma das testemunhas oculares dos fatos.

A narradora havia ido à igreja da sua pequena cidade em companhia de uma irmã e da empregada. A cerração velava um tanto a visão das coisas, mas a Lua parecia circundada por um halo. Ao regressar a casa, depois da cerimônia religiosa, a narradora viu que uma pessoa caminhava em sua direção com a respiração sibilante. Aliás, ouviram-na mesmo antes de vê-la. Ela passou ao lado da irmã e seguiu em frente. Pouco depois ela distinguiu outra pessoa que caminhava atrás de sua irmã, sem produzir o menor ruído ao caminhar. Como a irmã não a havia notado, ela puxou-lhe a manga e sussurrou-lhe, já algo assustada:

— Deixe esse homem passar.

Enquanto dizia isso, viu o homem "desaparecer no corpo" de sua irmã. Embora caminhassem as três juntas, lado a lado, as outras não viram o homem, mas, ao cabo de alguns instantes, começou a desenrolar-se, diante dos olhos atônitos das três, um espetáculo inesquecível e fantástico. A rua povoou-se instantaneamente de figuras apressadas: homens, mulheres, crianças e cães que se entrecruzavam, surgindo de todas as direções, e desaparecendo misteriosamente nas margens da estrada. Alguns vinham sós, outros em grupos, mas nenhum deles produzia o menor ruído, e todos se apresentavam com aquela mesma cor cinzenta que envolvia toda a paisagem, e desapareciam nas margens da estrada cobertas por uma vegetação rasteira. Com frequência, porém, as formas humanas sumiam também ao penetrar o corpo de uma das senhoras, enquanto outras pareciam surgir das margens da estrada para juntarem-se ao estranho e silencioso movimento. À medida que prosseguia a caminhada das três, renovava-se a multidão de seres. Alguns destes atravessavam-nas e ressurgiam do outro lado, seguindo sempre seu inexplicável destino. As formas eram de pequeno porte, quase anãs, exceto uma delas, que era de um homem de elevada estatura e que caminhou o tempo todo ao lado das senhoras. As vestimentas dos homens eram antigas, bem como o penteado das mulheres, os xales, os casacos, as saias amplas. Para certificarem-se daquela fantasmagórica realidade, as mulheres começaram a trocar impressões em voz baixa, conferindo assim as visões. Quando uma delas apontava para um homem, por exemplo, as outras duas viam também um homem tal como descrito e assim por diante. O ar, acima, estava relativamente claro e os fantasmas caminhavam todos com os pés no chão, como gente normal. Em mais de uma oportunidade, viram dois homens estranhíssimos que traziam em torno do rosto uma auréola cintilante e que as encaravam com olhar zombeteiro. Um deles era uma figura repugnante, insuportável até de olhar-se. Enquanto isso tudo sucedia, o homem maior caminhava impassível ao lado delas, sem uma palavra, um ruído, nada. Os outros vultos continuavam a se entrecruzarem e a se perderem nas sombras do caminho. Se elas apressavam o passo, ele também o fazia, nunca, porém, voltando os olhos para elas. Ao chegarem à alameda que conduzia à casa onde moravam, as visões desapareceram, exceto a do homem grande.

"Tinha ele" — escreve a narradora — "um aspecto diferente dos outros fantasmas e era extremamente repugnante. Caminhava de maneira característica e era duas vezes maior do que os demais. Dir-se-ia que tinha um objetivo determinado, o que não parecia ocorrer com os outros fantasmas."

Ao entrarem pelo caminho que levava à casa delas, o fantasma do homem grande seguiu pela estrada, para imenso alívio das pobres e assustadas senhoras, passando por elas com o seu passo medido e firme.

— Quando nos viramos para olhar pela última vez, era ele a única forma visível.

O documento foi atestado pela irmã da narradora e minuciosamente investigado pela S.P.R. inglesa.

•

Como afirma Bozzano, o episódio é "muito curioso" e profundamente embaraçante, dado que nenhuma hipótese conhecida consegue explicar todos os fenômenos testemunhados. Trata-se de uma visão coletiva, desenrolada "cinematograficamente", como diz Bozzano, o que torna a hipótese alucinatória "absolutamente insustentável", além do fato de os fantasmas se apresentarem vestidos à antiga. A ilusão ótica é igualmente inaceitável, pois, ao se entrecruzarem de um lado para outro, mostravam-se às observadoras sob ângulos diferentes a cada uma.

A hipótese psicométrica não tem melhor sorte, em vista da ação caótica da multidão fantasmal, mas principalmente porque não poderia explicar, como lembra Bozzano, as estranhas figuras com os rostos faiscantes, a estatura quase anã de praticamente todos eles e o comportamento do gigante que caminhou ao lado das testemunhas o tempo todo, ao contrário dos outros, que pareciam caminhar a esmo. Ao passo que o fenômeno psicométrico é, em essência, um *replay* de acontecimentos passados, de cujas vibrações impregnou o local ou o objeto que os presenciaram, há na manifestação, há pouco narrada, fenômenos incompreensíveis dentro da hipótese, como as figuras envolvidas em fagulhas, ao mesmo passo em que o caminhar deliberado do fantasma grande, ao lado das senhoras, implica, obviamente, uma ação presente e não passada.

A hipótese telepática também não serve, porque as dificuldades de acolher todos os pormenores são intransponíveis.

Diante disso, Bozzano não se arrisca a uma formulação teórica, e o caso permanece inexplicável.

IV

O outro caso, para o qual ele (Bozzano) propõe, mesmo antes de resumi-lo, a hipótese psicométrica, combinada com a que ele chama de "telepático-espírita", é não menos complexo nem menos fascinante do que as experiências anteriores. O episódio tem sido mencionado com frequência na literatura espírita e consta *in extenso* do livro *An Adventure* (*Uma aventura*), publicado em Londres, em 1911, pela editora Macmillan. A obra foi escrita pelas suas duas protagonistas, sob os pseudônimos de Elizabeth Morison e Frances Lamont, e despertou o mais vivo interesse do público e da imprensa à época, em longos trabalhos especulativos, como no sisudo *Times*, no *Morning Post* e no *Daily Telegraph*.

As duas jovens inglesas foram, em agosto de 1901, a Versailles, pela primeira vez, e, de lá, ao Petit Trianon, *onde contemplaram cenas e paisagens com personagens que não existiam mais, e que, no entanto, haviam existido à época da Revolução Francesa.*

Somente uma semana após a fantástica experiência é que as duas moças começaram a desconfiar de que havia algo estranho na visita ao famoso palácio, mas levaram três meses para se convencerem da sua realidade. Empenharam-se, daí em diante, numa pesquisa histórica das mais meticulosas, a fim de reunir todos os elementos de que necessitavam para documentar os fatos que presenciaram. Somente ao cabo de nove anos de estudos sentiram-se em condições de escrever o livro. Como eram filhas de sacerdotes da Igreja Anglicana, não estavam habituadas a práticas espíritas nem a pesquisas metapsíquicas, muito embora tenham demonstrado, com a notável experiência que viveram, evidentes dons mediúnicos.

Estavam, no entanto, bem preparadas intelectualmente para a tarefa nada fácil de relatar com fidelidade o caso, em narrativas independentes, sumarizadas três meses após os fatos observados. A essência do episódio, não obstante, já havia sido fixada dentro de uma semana, em carta que *Miss* Morison escrevera a uma de suas amigas.

— Vamos tentar um resumo, com base no relato de *Miss* Morison.

Após visitarem Versailles, as duas decidiram ir também ao Petit Trianon. Parece que, nesse ponto, mergulharam no passado. Dirigiram-se a dois guardas de aspecto sombrio e preocupado, vestidos de librê verde e com chapéus tricórnio, para pedir informações, e seguiram, caminhando e conversando animadamente. De certo ponto em diante, porém, Elizabeth Morison começou a experimentar inexplicável e crescente sensação de opressão. No ponto em que a trilha que seguiam cruzava outra, encontraram-se diante de um pequeno bosque à sombra do qual havia um quiosque circular e uma cascata. Ao lado dessa pequena construção estava um homem sentado. Não havia ali bonitos gramados nem belas árvores: o chão estava coberto de mato e folhas mortas. As árvores pareciam sem vida, como as de um cenário de teatro. A inexplicável sensação de opressão intensificou-se quando o homem fixou nelas seu olhar. Tinha um "ar repugnante, a expressão de ódio", a aparência rude. Enquanto se decidiam por que caminho seguir, ouviram ruído de alguém que corria desabaladamente pela trilha, mas voltando-se para ver do que se tratava, não viram ninguém; notaram, porém, atrás delas, outro homem, este de aparência distinta, alto, olhos grandes, cabelos encaracolados, chapéu de abas largas. Elas o acharam muito belo e semelhante a uma gravura antiga. Estava extremamente excitado e se dirigiu a elas em alta

voz, dizendo que não era preciso passar por lá. E, estendendo o braço, acrescentou com vivacidade:
— Por que aqui?... Procurem a casa.

Miss Morison não podia atinar com os motivos de tanta excitação no jovem e simpático cavalheiro, mas como o roteiro indicado por ele coincidia com o que ela havia escolhido, elas seguiram em frente. O desconhecido ainda as olhou "com um estranho sorriso". Quando ela virou-se para agradecer, o homem havia desaparecido. Ao se aproximarem da "casa" indicada pelo informante, ou seja, o *Petit Trianon*, as moças viram outra figura humana (Maria Antonieta?):

Sentada sobre a relva, de costas para o terraço, havia uma senhora ocupada em olhar atentamente um cartão que segurava com o braço estendido. Supus que ela se divertia fazendo um esboço do grupo de árvores que se encontrava diante dela. *Quando passamos por ela, ela virou-se para nos olhar.* Não era muito jovem, e, a despeito de ser bonita, não me atraiu.

Segue-se a descrição dos trajes da senhora, com as minúcias de que somente outra mulher é capaz. Eram roupas completamente fora de moda.

Persistiam as estranhas sensações, especialmente intensificadas depois que as jovens subiram para o terraço, onde Elizabeth Morison teve a impressão de "encontrar-se num ambiente de sonho". Reinava ali um silêncio mortal que lhes parecia opressivo e anormal. Novamente olhou para a senhora sobre o gramado, agora de costas, e observou que seu vestido era verde-pálido. Quando atravessavam o terraço, abriu-se uma porta e por ela saiu um jovem que a fechou em seguida com certo ruído. Tinha as maneiras desenvoltas, mas não se vestia de librê. *Dirigiu-se às moças e deu as indicações* de que elas precisavam para encontrar a "*Cour d'honneur*" do palácio.

— Quando chegamos à soleira — escreve ela —, reencontramos subitamente nosso bom humor.

Agora, algumas observações necessárias: nenhuma das pessoas vistas existia, bem como uma parte considerável da paisagem, inclusive o quiosque e a cascata diante da qual haviam parado para falar com o primeiro informante, o belo cavalheiro distinto. O mais estranho, porém, é que os jardins do Petit Trianon estavam àquela hora abertos à visitação pública e, por certo, animados pelas vozes e risos de muitas pessoas que caminhavam pelas aleias. Em suma: as moças viam o que não existia e não viam o que existia em torno delas.

Segue-se uma longa e cuidadosa análise de Bozzano, que acrescenta outros pormenores à fascinante narrativa de *Miss* Morison.

"Foram necessários nove anos" — escreve Elizabeth Morison — "de laboriosas pesquisas para acumular os dados que demonstram as peculiaridades da nossa experiência, justificando nossa convicção de que, do momento em que colocamos o pé à soleira do Trianon, caminhamos sobre terreno encantado."

Como explicar tudo isso, de uma realidade inegável? Seria uma transmissão telepática do Espírito sobrevivente de Maria Antonieta, como parece admitir a autora? Um fenômeno de psicometria durante o qual as jovens sensitivas desentranharam daqueles locais as esquecidas, mas indeléveis vibrações de um dramático passado? Como explicar, porém, ante essas duas hipóteses, o fato de que elas se encontraram com pessoas que as olharam, deram indicações precisas sobre roteiros a seguir? E o aspecto algo artificial das árvores da primeira cena?

O professor Hyslop, citado por Bozzano, após analisar o caso, conclui tratar-se de *uma nova ilustração da possibilidade para os vivos de tomarem conhecimento de fatos ocorridos num passado distante, e isto, provavelmente, em virtude de "ligações telepáticas com os defuntos" interessados nos acontecimentos em questão.*

Bozzano conclui observando que *esse parágrafo contém a hipótese telepático-espírita que tenho defendido neste livro e que se prestará, sem dúvida alguma, a explicar os fatos de maneira bastante satisfatória.*

Para Bozzano, a coisa parece tão óbvia por si mesma que se dispensa do trabalho de demonstrar a futilidade de hipóteses formuladas por eminentes autores, como William James e Théodore Flournoy,[3] que se prevaleceram da psicometria, "certos de que ela seria capaz de explicar todas as manifestações supranormais de ordem inteligente, de modo a substituir ou, pelo menos, a tornar supérflua a necessidade de recorrer às intervenções espirituais".

Na segura observação do meticuloso pesquisador italiano, *os ramos da metapsíquica são ligados entre si por um elemento causal comum, de sorte que a hipótese que não resolve os mistérios de um deles não resolve em nenhum deles.*

Resta, ainda, um longo capítulo sobre fenômenos de *poltergeist*, que se estende da página 209 à 294. Bozzano inicia sua exposição com uma longa teorização, uma vez mais lembrando que, embora o fenômeno se apresente sob forma objetiva ou mediúnica, a classificação geral das manifestações supranormais entre objetivas e subjetivas é meramente convencional, dado que, na maioria das vezes, os fenômenos

---

[3] Ver, sobre Flournoy, o artigo "Das Índias ao planeta Marte", *Reformador* de novembro de 1972.

observados não se prestam nitidamente à separação numa ou noutra forma. Diria, pois, que uns seriam manifestações predominantemente telepáticas e os outros predominantemente mediúnicas, mas que, "no fundo, a inteira fenomenologia é uma só".

Os fenômenos de *poltergeist* ocorrem tanto à noite como durante o dia, e "parecem ser regulados por uma forma qualquer intencional, que se concretiza, às vezes, em uma personalidade oculta capaz de entrar em ligação com os assistentes". É possível, por isso, dialogar com tais personalidades, por meio de um código convencionado — batidas, sinais etc. —, e com frequência se percebe que elas são capazes de ler o pensamento dos assistentes. Os fenômenos, por outro lado, estão sempre relacionados com a presença de um sensitivo, mais frequentemente, uma jovem adolescente, às vezes, um rapazinho.

Acresce que, devido a certa espetaculosidade, que é da própria essência do fenômeno, os casos de *poltergeist* rapidamente viram notícia e começam a ser investigados, quase sempre, por equipes policiais despreparadas, voltadas apenas para a ideia fixa de apanhar o "engraçadinho" que se empenha em promover aquelas "brincadeiras de mau gosto". Enquanto isso, o público leitor que segue as notícias aceita a versão policial e sorri, sentindo-se superior, daqueles que se dedicam, em seriedade, a pesquisar as causas do fenômeno. De certa forma, porém, esse quadro tem seus méritos, porque, a despeito de toda a vigilância e interesse em apanhar o autor das proezas, os fenômenos continuam a ocorrer e acabam por ficar muito bem documentados nos relatórios da polícia e nas reportagens sensacionalistas.

Outra característica do fenômeno — lembra Bozzano — é a sua grande uniformidade, "que se mantém em todos os tempos e em todos os lugares". Distinguem-se dos fenômenos normais de assombração por serem de curta duração, enquanto aqueles, às vezes, duram séculos. Parece também haver neles uma causa local, além de mediúnica, pois frequentemente eles cessam quando se afasta o médium. Como muito bem observa o eminente cientista italiano, as manifestações são nitidamente intencionais. Inúmeros fenômenos parecem indicar uma clara intenção de criar dificuldades, a fim de assustar e acabar expulsando de uma casa os habitantes que os desencarnados parecem considerar intrusos.

É fácil de compreender tais disposições em seres que desencarnaram, mas não se desprenderam da paixão da posse de seus bens e continuam "do lado de lá" a se sentirem donos de suas casas e dos objetos e móveis com os quais conviveram. Por isso o fenômeno é localizado.

Cabe referir, ainda, que Bozzano lembra aqui também a possibilidade de tais ocorrências resultarem não apenas de manifestações essencialmente *espíritas*, como também *anímicas*, o que as levaria à classificação de fenômenos de telecinesia, na terminologia parapsicológica. Uma hipótese não exclui a outra, porque elas se completam e podem até coexistir. Em outras palavras: se o Espírito desencarnado é capaz de provocar efeitos físicos, o Espírito encarnado também pode fazê-lo.

Creio, porém, que não se deve atribuir demasiado valor às condições locais, como se elas pudessem predominar até sobre a própria condição da mediunidade, ou seja, como se pudessem ocorrer fenômenos de efeito físico sem a presença de alguma forma de mediunidade específica.

A coletânea de fenômenos de *poltergeist* bem observados e bem documentados é muito grande, respeitável e mesmo indiscutível, exatamente por ser um tipo de manifestação amplamente conhecido através do tempo, em inúmeros locais, sob as mais variadas condições. O comportamento dos corpos materiais, no bojo dessa interessante fenomenologia, é totalmente incompreensível se nos amarrarmos inarredavelmente às leis conhecidas da Física. Objetos sólidos e pesados, como pedras, talheres e pratos, por exemplo, descrevem trajetórias totalmente inabituais, param no ar, deslocam-se em linha ondulada ou quebrada, aceleram ou diminuem a velocidade da queda, parecem surgir do nada, caem abundantemente em torno de várias pessoas sem ferir ninguém (às vezes ferem deliberadamente também). Enfim, uma gama enorme de efeitos surpreendentes somente explicáveis se admitirmos que forças conscientes manipulam tais objetos com um fim deliberado. As manifestações são às vezes acompanhadas de vozes, de sons, de música, de gritos, de risos, como também ocorrem em desrespeito às leis da propagação do som. Corpos sólidos atravessam outros corpos sólidos, sem rompê-los. As pedras e objetos comumente apresentam-se mornas ou extremamente quentes como se tivessem passado por um violento processo de desintegração e reintegração, à custa de incalculáveis dispêndios de energia física.

Resisto bravamente ao impulso de reproduzir alguns casos interessantes de *poltergeist* relatados por Bozzano, a fim de não prolongar ainda mais este artigo, mas não posso deixar de referir dois dos mais interessantes e bem documentados, ambos, aliás, recolhidos pelo eminente pesquisador russo Alexandre Aksakof.

O primeiro foi incluído em um livro de Aksakof sob o título de *Os precursores do Espiritismo nos últimos 250 anos*. O caso passou-se numa pequena cidade russa e, por se ter desenrolado num imóvel de propriedade do governo, foi minuciosa e escrupulosamente investigado e posteriormente relatado em documentos oficiais.

Em janeiro de 1853, um certo capitão Jandachenko comandava um destacamento militar em Lipsty, residindo com a esposa numa casa de quatro cômodos, cedida pelo governo local ao comandante da unidade. Além do casal, moravam na casa duas empregadas e três soldados, um dos quais era o ordenança do capitão.

Em 4 de janeiro, a coisa começou. Quando os servidores apagaram a luz para dormir, ouviram-se várias batidas, enquanto alguns copos de madeira foram atirados em várias direções, na cozinha. Quando a luz se acendeu novamente, os objetos continuaram a voar daqui para lá, movendo-se, no entanto, quando ninguém os olhava.

No dia seguinte, o capitão procurou o sacerdote local para contar o ocorrido, e, no dia 6, o sacerdote lá foi a casa com alguns acólitos. Logo ao entrar, uma pedra precipitou-se no corredor. Em seguida, uma terrina cheia de sopa caiu-lhe aos pés, embora — diz ele — *eu estivesse rodeado pelos acólitos munidos de ícones*.[4]

Ouviram-se, depois, várias batidas. O capitão acrescentou que, ao ser aspergida a água benta, uma acha de lenha destacou-se da pilha e foi lançada com grande estrépito sobre a porta.

Outro sacerdote que visitou a casa, dias depois, assistiu a nova série de fenômenos, como o de uma garrafa de verniz que voou pelos ares e espatifou-se na porta do corredor. A garrafa, segundo testemunho do capitão, estava fechada à chave num armário do salão.

A exibição não desanimou os bravos sacerdotes. Voltaram no dia seguinte com o que o autor da narrativa classifica de "artilharia pesada" de seu ministério, reforçados

---

[4] O ícone é uma imagem ou um quadro representando o Cristo, a Virgem ou algum santo da Igreja Ortodoxa grega ou russa.

com um terceiro padre, muitos acólitos, numerosos ícones e, naturalmente, nova provisão de água benta. Seria um ritual religioso dos mais completos e solenes.

Mal começaram, uma pedra estilhaçou o vidro da janela da cozinha. Depois disso, um pedaço de pau e um balde d'água levantaram voo a partir da cozinha e a água do balde derramou-se à vista dos pobres sacerdotes. O pior, porém, aconteceu quando uma pedra, vinda não se sabe de onde, precipitou-se, sem a menor cerimônia, dentro da vasilha que continha água benta! A água foi aspergida com certa pressa e os sacerdotes trataram de abandonar prudentemente a casa, deixando seus assustados moradores entregues à própria sorte.

Os fenômenos continuaram, a despeito de outro ritual de exorcismo requisitado pelo aturdido capitão. No dia seguinte ao do exorcismo, o leito em que dormia o casal pegou fogo. E enquanto eles o apagavam de um lado, o fogo recomeçou do outro. Ao mesmo tempo, dois pedaços de tijolo chocavam-se continuamente contra a janela, reduzindo quatro vidros a cacos.

Nessa altura, o capitão resolveu abandonar a casa, mas tentou, antes, um quarto exorcista que parece ter obtido algum êxito, porque os fenômenos se reduziram por algum tempo a certos gemidos lúgubres. Ao cabo de alguns dias, tudo recomeçou. Dia 22 o capitão convidou vários amigos e os fenômenos se realizaram na presença de todos. O ordenança, soldado Vasil, foi ferido ligeiramente por uma faca que voou na sua direção. As coisas iam de mal a pior. A casa ficou sob vigilância permanente de soldados, mas tudo em vão, até que, a 23, após a meia-noite, o teto incendiou-se e em pouco tempo o imóvel ficou totalmente destruído. Foi impossível conter o fogo, porque os bombeiros eram recebidos por "nuvens de fumaça densa e fétida atiradas ao rosto".

Os fenômenos, porém, *acompanharam o capitão na sua nova residência*. Os objetos continuaram a voar de um lado para outro. Dia 24 de junho, às oito horas da manhã, o teto pegou fogo, mas foi possível extinguir as chamas. Às três horas da tarde, novo incêndio, iniciado no celeiro, também foi extinto graças à bravura e iniciativa de um soldado, mas, às cinco horas, as chamas irromperam novamente de vários pontos do teto e não somente a casa do capitão, mas quatro outras foram totalmente destruídas.

Rigorosa investigação oficial foi então realizada, mas serviu apenas para registrar os fatos e documentá-los com o selo da fé pública, pois nada havia a fazer. Três anos depois, nova sindicância inútil, do ponto de vista prático, pois não havia o que julgar, condenar ou absolver na justiça comum, e os juízes concluíram inconclusivamente, se assim podemos dizer, que "nenhuma suspeita existia contra quem quer que fosse". O processo foi remetido ao arquivo e lá é que o ilustre sábio e Conselheiro de Estado Aksakof foi consultá-lo para o seu relato.

•

O outro caso foi aproveitado por Aksakof em seu livro *Animismo e Espiritismo* e se passou na residência de um senhor Shchapoff, na cidade de Iletsky, nos Urais, Rússia. O relato de que se serve Bozzano é do próprio Shchapoff.

Chegando a casa em 16 de novembro de 1870, após ausência de alguns dias, este senhor encontrou a esposa profundamente impressionada com alguns estranhos fenômenos ocorridos na casa, o que ele procurou levar à conta de brincadeira. A família compunha-se da esposa, uma criança de peito, a mãe do dono da casa e a sogra, bem como uma cozinheira e mais dois empregados.

Na noite do dia 14, como a menina se mostrasse inquieta e agitada, a jovem senhora havia pedido à empregada que tocasse um pouco de acordeão para acalmá-la. Pouco depois, com a menina já adormecida, a Sra. Shchapoff conversava com uma vizinha quando tiveram a impressão de ver passar por elas um vulto, diante da janela aberta. Iam sair para verificar quando irrompeu num cômodo da casa o som do acordeão executando a mesma música que a empregada tocara antes; desta vez, porém, acompanhada de danças. Pensaram, naturalmente, que a artista doméstica estivesse a exercitar-se, embora àquela hora imprópria, mas encontraram-na dormindo profundamente. Desperta, ajudou os outros habitantes da casa, e mais a vizinha, na busca infrutífera por toda parte, enquanto a música e as danças prosseguiam, e na verdade prosseguiram pela noite adentro, até madrugada, não deixando ninguém dormir.

Na noite seguinte, às dez horas, recomeçou o estranho baile, que varou a noite, sem que alguém pudesse descobrir a causa do fenômeno.

O Sr. Shchapoff, no entanto, não estava convencido. Fez uma preleção à esposa sobre os riscos da superstição, e não pensou mais no assunto. À noite, após o chá, a casa posta na maior tranquilidade, apanhou um livro para ler. Após duas horas de leitura, começou a música e o bailado fantasmagórico, sendo que o som parecia provir de um ponto debaixo da cama da sua esposa, aliás, profundamente adormecida. Enquanto ele se achava cautelosamente investigando o assunto, ouviu pancadas ritmadas sobre o vidro da janela, no quarto dela, como se tamboriladas por alguns "dedos carnudos". Pouco depois o som tornou-se mais nítido, batido agora — supunha ele — pelas unhas. Nesse momento, ouviu-se um golpe violento que acordou a jovem senhora e, enquanto conferiam suas impressões, pois ele lhe perguntava se fora ela quem fizera o ruído, ouviram bater à janela do quarto contíguo. Foi ele para lá e escondeu-se perto da janela, em tensa expectativa, a olhar para fora, sob o luar claro da noite. Foi quando soaram dois golpes do lado de dentro, na parede, à altura de seus ouvidos, tão violentos que — diz ele — "ecoaram pela casa toda como um terremoto".

Nesse ponto, ele pôs um agasalho, chamou o jardineiro, apanhou o fuzil e foram dar uma batida em torno da casa, acompanhados dos cães soltos, a fim de apanharem o culpado. Nada! A Lua brilhava tranquila e claríssima sobre o manto de neve, onde não havia rastro nem de gente nem de animal.

Ao retornarem a casa, foram informados de que a dança não se interrompera. Subiram à mansarda, de onde parecia provir, e tudo silenciou, mas nada encontraram. Quando desciam a escada, o balé fantástico recomeçou.

No dia seguinte, as manifestações foram menos violentas e, após dois dias, cessaram por completo.

No dia 20 de dezembro, porém, o Sr. Shchapoff teve a ideia de pedir à empregada que tocasse seu acordeão e dançasse um pouco para algumas visitas, e, mal começou ela a "performance", o ritmo passou a ser acompanhado pelas batidas habituais nos vidros da janela. Os fenômenos duraram até cerca de meia-noite. Na noite seguinte, recomeçaram, desta vez acompanhados por deslocamentos de objetos, que voavam daqui para ali e se chocavam contra o chão, as paredes ou o teto. Havia uma particularidade nesses choques: objetos macios chocavam-se com estrépito, enquanto objetos mais pesados e sólidos caíam mansamente, sem ruído.

Em 8 de janeiro, a senhora viu sair um pequeno globo luminoso de sob a sua cama, crescer de tamanho e desaparecer. Na noite seguinte, os fenômenos duraram até às 3 horas da manhã e pareciam agora acompanhar a jovem senhora, pois aconteciam sempre à sua volta.

Ante aquela série impressionante de manifestações, a família resolveu abandonar a casa por um mês, deixando apenas os empregados. Tudo voltou à calma. Certo dia em que o Sr. Shchapoff visitava a casa em companhia de um amigo, pediu à empregada para tocar e dançar, mas nada aconteceu.

Em 21 de janeiro, voltaram e, com eles, os fenômenos. Assim que a esposa deitava-se para dormir, começavam os golpes e os objetos disparavam a voar de um lado para outro. Com receio de algum acidente mais sério, pois uma faca foi atirada com grande violência, trancaram os talheres num armário, mas, mesmo assim, eles eram misteriosamente retirados e continuavam a voar em todos os sentidos.

Dia 24, à noite, certificaram-se de que o fenômeno era inteligente, pois acompanhava os diferentes ritmos de algumas canções que cantaram com um amigo da família. A resposta era inteligente, até mesmo para os ritmos "modulados mentalmente". Estabeleceu-se então o seguinte diálogo precário, mas suficiente para se formular um juízo:

— Você que se manifesta é um homem?

Silêncio.

— É um Espírito?

Um golpe.

— Bom?

Silêncio.

— Mau?

Dois golpes violentos.

Ao tentar identificar o Espírito por um nome, os circunstantes não foram muito felizes, mas, depois de muita hesitação e temor, o dono da casa pronunciou o nome do demônio e deu-se um rebuliço terrível ao recuarem todos espavoridos ante o tremendo golpe sobre a porta.

Houve outros diálogos com "a força", mas Bozzano salta sobre eles para prosseguir a sua longa citação deste caso tão interessante. Uma comissão de três pessoas de excelente nível intelectual foi designada pelo governador da província para investigar a fenomenologia. Instalaram-se em casa do Sr. Shchapoff com seus aparelhos e, sem tardança, as manifestações começaram: objetos voadores, ruídos, diálogos codificados com "a força". Shchapoff e a esposa consentiram em ser observados, na cidade, por dois médicos, um dos quais, o Dr. Dubinsky, não conseguia aceitar a validade do fenômeno. Primeiro, disse que a pobre senhora produzia os ruídos com a língua, mas, ao obrigá-la a ficar com a língua de fora, verificou que os sons continuavam. Depois, achou que eram as batidas do coração dela! Como se sabe, até hoje, vale tudo em matéria de "explicação" para muita gente.

A influência de Dubinsky sobre a comissão foi decisiva, ao declarar que fenômenos semelhantes já haviam sido investigados antes e acabavam sempre em revelações mais ou menos engenhosas de fraude. A comissão, que estava inclinada a atestar os fatos, recuou, e a família Shchapoff teve o desprazer de ler no jornal local o relato assinado pelos três membros — um dos quais era o próprio diretor do jornal —, declarando que os fenômenos eram devidos à ação exclusivamente humana. Logo em seguida, recebeu o Sr. Shchapoff um ofício do governador, dizendo que a investigação havia apurado que os fenômenos eram perfeitamente explicáveis e, por conseguinte, ficava ele advertido de que incorreria em punições severas se eles voltassem a produzir-se.

Qual não foi, pois, a aflição da família quando, aí pela altura do mês de março, recomeçou o espetáculo, mesmo na ausência da jovem esposa que parecia ser a geradora de energias que alimentavam a fenomenologia. Um incidente algo espetacular ocorreu logo de início: o sofá, em que estava sentada a velha senhora Shchapoff, deu quatro saltos no assoalho, deixando-a em pânico, enquanto o filho presenciava a inusitada cena, em plena luz do dia.

Daí em diante, os fenômenos se intensificavam. Certa noite, destacou-se de um lavabo na sala uma fagulha azulada que deslizou rapidamente em direção ao quarto da senhora e lá ateou fogo num *peignoir* de algodão que se encontrava sobre uma pequena mesa de canto. As chamas foram extintas pela sogra do dono da casa, que ali se achava providencialmente.

Enquanto o Sr. Shchapoff passou dois dias na cidade, confiando a guarda da sua casa a um vizinho e amigo, repetiram-se os fenômenos luminosos com fagulhas deslizando daqui para ali. Numa dessas oportunidades as vestes da senhora pegaram fogo e, ao socorrê-la, o vizinho ficou com as mãos gravemente queimadas. De outra vez, foi o leito dela que se incendiou.

Em outra oportunidade, estavam a conversar o vizinho e um dos empregados quando ouviram um grito desesperado no interior da casa. Acudiram espavoridos e deram com a senhora envolta numa coluna de fogo, que a cercava por todos os lados. Novas queimaduras para o dedicado vizinho, que conseguiu extinguir o fogaréu. Desmaiada, com a roupa carbonizada, foi ela conduzida para um leito, mas *sem queimaduras*.

Era o fim. Nessa mesma noite deixaram a casa fatídica e foram dormir na vizinhança, com uma família de cossacos, onde ficaram por algum tempo. A casa assombrada foi vendida e, quando a família mudou-se para outra, os fenômenos felizmente não a acompanharam.

O Sr. Shchapoff relata ainda fenômenos curiosos de materialização de mãos em várias oportunidades.

Observa-se, portanto, neste caso, uma grande riqueza de fenômenos: efeitos sonoros, luminosos, materializações, deslocamentos de objetos, além dos diálogos, o que leva Bozzano a ressaltar, mais uma vez, "a unidade fundamental de todas as manifestações metapsíquicas, sejam elas espontâneas, como nos fenômenos de assombração, seja nas provocadas, como nas sessões experimentais".

Ao analisar o caso com a sua costumeira precisão e clareza, Bozzano mais uma vez insiste numa das poucas teses com as quais não me sinto muito à vontade, ou seja, a da *causa local*.

Como os fenômenos não se produziram mais na nova residência, conclui ele que a causa suficiente das manifestações não estava na mediunidade da jovem senhora. E prossegue:

— Pode-se, portanto, concluir que os fenômenos de assombração se produzem quando se combinam dois fatores *igualmente necessários*: a presença de um *sensitivo* num *ambiente mediunizado*.

Não me parece que a questão deva ser colocada de maneira tão dogmática, embora seja de admitir-se considerável influência do ambiente. Não, porém, pelas razões que invoca o eminente pesquisador, pelo menos a meu ver. Ao que suponho, ele não examinou uma hipótese inteiramente válida, que explicará muito melhor o fato, mesmo porque, em inúmeros exemplos, os fenômenos acompanham as pessoas em novas residências, como vimos, há pouco, no caso do capitão Jandachenko. Nas manifestações que acabamos de relatar, parece bastante evidente que um Espírito desencarnado (ou mais de um) desejava apenas expulsar a família daquela casa. Conseguido seu intento, ele deixou em paz seus ex-inquilinos. Quanto à óbvia mediunidade da Sra. Shchapoff, nada mais se diz dela, mas é de esperar-se que a faculdade permaneceu com ela, ainda que inativa. Não vejo razão para invocar a teoria do *ambiente mediunizado* para explicar o fenômeno, de vez que o ambiente é apenas cenário passivo da ação desenrolada, e não componente ativo desta.

É notável, ainda, neste caso, o fato de que as chamas que atingem a senhora não lhe causam dano algum, ao mesmo tempo que provocam graves queimaduras na pessoa que a socorre por duas vezes.

Conclui Bozzano que "a origem espírita dos fatos não deixa dúvida alguma".

Há, ainda, um caso misto que o autor extrai do livro de Robert Dale Owen, intitulado *Footfalls on the Boundary of Another World*, em que fenômenos físicos se mesclam a fenômenos intelectuais, além de notável manifestação de voz direta, em repetidas ocasiões, no seio de uma família inglesa.

•

Segue-se um capítulo final de conclusões, do qual extrairemos apenas os últimos períodos, por mais que nos atraiam as inteligentes discussões do autor:

— Recapitulemos, portanto, dizendo que, segundo a análise comparativa aplicada aos fenômenos de assombração, conseguimos colocar em evidência que a hipótese espírita, compreendida sob as duas formas de *transmissão telepática do pensamento entre mortos e vivos* e de *manifestações de defuntos pela mediunidade*, é a única verdadeiramente suscetível de explicá-los na maior parte dos casos, ao passo que as hipóteses da "telepatia entre os vivos" e da "psicometria" e a do "animismo", se é que são necessárias à plena compreensão dos fatos, não podem ser consideradas senão como hipóteses complementares. (O destaque é da tradução francesa.)

Pouco restaria a dizer, mas é preciso ressaltar, ainda uma vez, que não faltam pesquisas sérias e extremamente bem documentadas sobre enorme gama de fenômenos mediúnicos. É mais fácil rir dessas manifestações, e até mesmo ridicularizar os pesquisadores que a elas se dedicam, do que contestar as conclusões de um trabalho de fôlego como o de Bozzano. Vemos, aliás, que, em muitos dos casos relatados, encontramos o chamado "espírito forte", o qual plantado, pelo menos de início, numa posição de olímpica superioridade, procura descartar o fenômeno com uma atitude muito cômoda de descrença ante tais "superstições populares". A muitos desses, o sorriso morreu cedo nos lábios, amarelo de medo, de surpresa ou de perplexidade. Outros preferiram ficar do lado mais tranquilo, junto aos que não querem investigar o assunto para continuarem a desempenhar com seriedade o papel de "espíritos fortes". É importante, porém, observar que não falta hoje, para o estudioso de boa vontade, material para exame e meditação. Varia, porém, ao infinito a reação das criaturas. Mesmo entre aqueles que se convencem da realidade dos fenômenos encontramos os que preferem arquivar o assunto na memória ou numa gaveta de coisas sem importância, dizendo que são vulgares e inúteis os fenômenos. Bozzano responde também a estes.

De fato, é vulgar, em si, o fato de uma faca de cozinha ou uma pedra voar de um lado para outro. É vulgar a resposta de uma "força inteligente" que deseja passar pelo demônio. No fundo, porém, a própria vida é vulgar, cotidiana, rotineira, sem grandes e espetaculares lances. Além do mais, são vulgares muitos dos Espíritos desencarnados, tal como muitos dos reencarnados. O grande argumento de Bozzano, não obstante, é o de que os fenômenos de assombração escolhem sempre a linha de menor resistência, numa espécie de economia energética, o que é bastante provável.

É tolice, porém, dizer que são inúteis, porque, na vulgaridade da sua aparência, revelam eles uma essência de tremenda importância para todos aqueles que buscam respostas claras e aceitáveis às indagações humanas, desde o mistério da vida até os segredos da "morte".

O livro da vida está aberto diante de nós, as palavras nele escritas fazem sentido e nos contam a história fascinante da evolução humana em direção à paz espiritual. Agora, se bocejamos e dormimos em cima dele, quando acordarmos, um dia — onde? quando? como? —, descobriremos, constrangidos e decepcionados conosco mesmos, que o relógio cósmico seguiu em frente e nós ficamos.

Enquanto escrevo isto, lembro-me do pungente depoimento do nosso amado Emmanuel. Um dia, como orgulhoso senador romano, recebeu o convite à vida dos lábios do próprio Cristo. Resolveu "deixar para depois"... E, por isso, somente após um punhado de séculos acordou para descobrir que o tempo havia passado, a glória efêmera se dissolvera e era preciso recomeçar tudo de novo, pois até então estivera a caminhar e viver como um sonâmbulo...

5

MÉDIUM EM CONFLITO

Numa série de artigos publicada em *Reformador* durante o primeiro semestre de 1960, sob o título geral de "Sobrevivência",[5] tive oportunidade de comentar alguns escritos que a senhora Eileen J. Garrett reuniu no volume intitulado *Does Man Survive Death?* (*O homem sobrevive à morte?*) O livro incluía um trabalho da própria Sra. Garrett, que me deixou impressionado com as suas enfáticas declarações de ceticismo ante a fenomenologia mediúnica e, principalmente, com relação à doutrina da sobrevivência do Espírito, como se podia ver do título mesmo do seu artigo: "A resposta ainda é não". Queria ela dizer que, após anos e anos de investigação, continuava em dúvida. A seu ver, ainda não conseguira prova incontestável da continuidade da vida após a morte. O mais fantástico, porém, é que a Sra. Garrett, desencarnada há algum tem-

---

[5] A série foi incluída no livro *Sobrevivência e comunicabilidade dos Espíritos* (FEB).

po, foi uma das grandes médiuns deste século e exerceu suas múltiplas faculdades durante cerca de cinquenta anos, colocando-se à disposição dos mais qualificados pesquisadores da nossa época, que lhe testaram, à saciedade, as manifestações abundantemente produzidas.

Nascida em Beauparc, um esquecido vilarejo da Irlanda, em 1894, alcançou em pleno desabrochar dos seus dons a idade de ouro da pesquisa psíquica: *Sir* Arthur Conan Doyle, *Sir* Oliver Lodge, William McDougall, Harry Price e, mais tarde, o Dr. Joseph B. Rhine, o Dr. Henry Puharich, e muitos outros. Conviveu com algumas das mais extraordinárias personalidades de seu tempo, como Aldous Huxley, H. G. Wells, Sholem Asch, Clement Attlee, D. H. Lawrence, G. Bernard Shaw, Thomas Mann e seus irmãos. Viajou pelo mundo inteiro, viveu em diferentes países, dedicou-se com sucesso a atividades de caráter social e até comerciais, como, por exemplo, o complexo negócio da editoração de livros e revistas. Além de tudo, escrevia bastante bem e deixou obras de interesse, quase todas sobre a temática que foi a constante da sua vida, isto é, a busca espiritual. Um dos seus livros chama-se, por isso mesmo, *Minha vida — A busca do sentido da mediunidade*.

Extraordinária mulher essa, digna do nosso respeito e admiração pelo seu dinamismo, inteligência e enorme capacidade de liderança. Não obstante, ao mesmo tempo nos transmite um sentimento de desoladora frustração, porquanto, médium que era, não podia ela duvidar da autenticidade do fenômeno de que participava. Mas questionou sempre as causas que o suscitavam e as consequências que nele estavam implícitas. Como pôde isso acontecer a uma criatura tão bem-dotada, quer quanto às suas faculdades mediúnicas, quer no tocante à potência da sua inteligência e ao seu elevado grau de cultura? Esse o enigma, que sempre me deixou perplexo, da notável personalidade da senhora Garrett. E foi na esperança — creio que também frustrada — de decifrar esse enigma que adquiri recentemente, em Nova Iorque, um dos seus livros, creio que o último deles: *Many Voices* (Edição Putnam's Sons, Nova Iorque, 1968). Como subtítulo, a autora acrescentou: "Autobiografia de um médium".

O testemunho da Sra. Garrett é da melhor qualidade intrínseca na ampla gama da sua mediunidade privilegiada, mas traz em si mesmo um componente que o desgasta e enfraquece o seu impacto, na sua atitude sempre reticente ou até mesmo negativa, parecendo ser a autora a primeira a duvidar da realidade que relata. O leitor que for capaz de ler o livro construtivamente encontrará nele material de primeira qualidade, mas receio que o cético poderá facilmente ficar acomodado no seu ceticismo estéril, quando nada, sob o fascínio da argumentação da escritora, pois é comum buscarmos nos livros apenas apoio, a fim de continuarmos a pensar como pensamos — certo ou errado...

•

Eileen J. Garrett conviveu com a mediunidade desde a infância. Contando poucos anos de idade já brincava e conversava com alguns companheiros, invisíveis aos demais circunstantes. Seu nome, porém, alcançou as manchetes somente em 1930, no famoso episódio do dirigível R-101. A aeronave, de fabricação inglesa, era comandada pelo tenente-aviador H. C. Irwin, quando caiu em chamas perto de Beauvais, na França, no dia 5 de outubro de 1930, um domingo, pela manhã.

Recorramos, neste ponto, à narrativa feita pelo pesquisador inglês Harry Price, no seu livro *Fifty Years of Psychical Research* (Longmans, Green, de Londres, Nova Iorque e Toronto, 1939).

Três dias antes do acidente com o R-101, ou seja, no dia 2, Price havia combinado uma sessão com a Sra. Garrett, no laboratório dele, para o dia 7, à tarde, com a finalidade de tentar um contato mediúnico com *Sir* Arthur Conan Doyle, que havia desencarnado há cerca de três meses. A sessão fora solicitada pelo jornalista australiano Ian Coster, sendo Price então Diretor do Laboratório Nacional de Pesquisa Psíquica, em Londres.

Mal iniciada a sessão, Uvani, um dos Guias da médium, anunciou que o tenente Irwin queria dar uma mensagem. (O desastre ocorrera há apenas 60 horas.) A voz da médium mudou e a Entidade manifestada começou a fazer um relato altamente técnico, analisando as causas do acidente, enquanto Ethel Beenham, secretária de Price, taquigrafava a comunicação.

As informações fornecidas, envolvendo matéria de sofisticada tecnologia aeronáutica, eram de natureza confidencial por motivos óbvios de segurança. O espanto foi tamanho na Inglaterra, depois que a imprensa reproduziu o fato, que não faltou quem sugerisse a prisão da Sra. Garrett, sob suspeita de espionagem. Praticamente todas as importantes revelações trazidas pelo aviador "morto" foram mais tarde confirmadas, em inquérito oficial presidido por *Sir* John Simon, com a finalidade de apurar as causas do sinistro. Entre outras coisas, dissera o piloto desencarnado que o peso da aeronave era demasiado para a capacidade dos motores; que estes eram, por sua vez, muito pesados; a força útil (*lift*), muito pequena; a força total, calculada erradamente; o voo, a baixa altitude; a carga, muito pesada para voo longo; a velocidade, insuficiente, causando oscilação da aeronave; tensão demasiada no tecido e muitos outros pormenores. Mas o que realmente impressionou os técnicos foi a crítica veemente ao "exorbitante esquema de carbono e hidrogênio", o qual, na opinião do piloto morto, estava "inteira e absolutamente errado". Esse esquema, obviamente desconhecido fora dos meios oficiais mais chegados ao problema, era um dos segredos mais bem guardados da equipe, segundo declarou, mais tarde, um dos oficiais a Price.

Outra informação importante foi a de que a nave passara "raspando" sobre os tetos de Achy. O nome desse lugarejo francês não havia sido mencionado nas notícias dos jornais, nem sequer constava dos mapas comuns da França e só foi localizado ao ser consultado o mapa detalhado utilizado pelos pilotos. E mais: ouvidos no inquérito, dois oficiais franceses disseram que o dirigível passara sobre Poix — cerca de 14 milhas ao norte de Achy — voando muito baixo, a uns 300 pés de altura, isto é, aproximadamente 90 metros, o que confirmava a revelação obtida na sessão mediúnica.

Harry Price, autor de uma dezena de livros sobre o assunto, gostava de colocar sempre nos seus relatos uma pitada de dúvida. Vangloriava-se mesmo de ser um "duro" investigador e aceitou de bom grado o título de "caçador de fantasmas", que, aliás, adotou como título de um de seus livros: *Confissões de um caçador de fantasmas*. Nada temos a censurar pelo rigor dos seus métodos de pesquisa, pois o que importa é chegar à verdade, seja ela qual for; o problema, no entanto, ao que parece, é que ele não se rendia à evidência dos fatos. Ao comentar o caso do R-101, escreve o seguinte:

"É inconcebível que a Sra. Garrett tenha obtido a informação acerca do R-101 pelos meios normais e o caso substancia fortemente a hipótese da 'sobrevivência'."

Como se vê, Price trata a sobrevivência como simples hipótese. Nada temos contra isso, mas ele chega a colocar até mesmo a palavra em quarentena, marcando-a inequivocamente com aspas, das quais seu livro está cheio. As aspas estão no nome de Irwin também, pois não deseja admitir a identidade do Espírito comunicante.

Logo depois que Irwin (entre aspas) se retirou, Uvani (aspas) anunciou que *Sir* Arthur Conan Doyle (aspas) desejava manifestar-se.

"Tive uma longa 'conversa' com '*Sir* Arthur'" — escreve Price —, "que foi intensamente interessante, mas não muito convincente."

Referindo-se posteriormente ao caso R-101, Price escreve a página 298 do seu livro para explicar qual a sua *teoria* nesses casos. Acha ele que "[...] uma parcela de nós, uma emanação do nosso ego ou personalidade, ou parte da nossa inteligência, *persiste* após a morte e pode ser captada por uma mente apropriadamente sintonizada com aquela emanação". (O destaque é do original.)

Agora, procuremos visualizar o quadro. A Sra. Garrett, a despeito de fenômenos como esse, tem sérias dúvidas acerca da sua mediunidade e dúvidas ainda mais sérias quanto ao problema da sobrevivência. Convocada por um pesquisador famoso e investido do manto sagrado da Ciência de seu tempo, serve de veículo a uma notável demonstração de sobrevivência, que a põe até sob suspeita de espionagem. Proporciona ainda oportunidade de um contato — autêntico, que tudo indica — com o Espírito do médico, pesquisador e romancista *Sir* Arthur Conan Doyle, que mantém longa e inteligente conversa com Price. Depois de tudo isso, que tem ela a ouvir de Price? Que a sobrevivência (entre aspas) continua como mera hipótese e que o diálogo com o criador de Sherlock Holmes "foi intensamente interessante, mas não muito convincente".

Não obstante, Eileen Garrett continuou incansavelmente a dar, a despeito de si mesma, o recado da sobrevivência do Espírito, em dramáticas situações, acolhida, às vezes, com reserva, mas quase sempre com emoção genuína e gratidão profunda. Da farta safra de episódios que ela conta em seu livro, vamos destacar um apenas, não só pela beleza do caso, mas pelo impacto que causou no coração de um dos maiores gênios do cinema: o diretor Cecil B. De Mille.

O ano era 1933 e Eileen trabalhava, à época, com a equipe da Sociedade (Americana) de Pesquisas Psíquicas, na Califórnia. Num dia de muito calor, foi visitar um estúdio, precisamente aquele em que De Mille dirigia uma cena com a bela atriz Elissa Landi, num cenário decorado à oriental. De Mille estava ainda no princípio da sua carreira e não se importava de fazer concessões ao gosto duvidoso de certas plateias. Estavam em moda as cenas em que as atrizes eram filmadas (discretamente) tomando espumosos banhos de banheira. De Mille era uma figura impressionante. Parecia um sultão, diz a Sra. Garrett, e por toda parte seguia-o o não menos impressionante amigo Boris Karloff.

Lá pelas tantas, a Sra. Garrett viu que uma senhora frágil, vestida à antiga, em desacordo com o cenário oriental, aproximou-se de De Mille, visivelmente contrariada, embora muito carinhosa, como se estivesse a protegê-lo e lhe disse que gostaria que ele não mais fizesse cenas como aquelas. Queria para ele coisas melhores e o considerava com plena condição de realizá-las. Pouco depois, ela afastou-se e desapareceu. A Sra. Garrett observou bem seu vestido escuro, de gola alta, com um punhado de tecido branco para alegrá-lo, a saia presa por um cinto. O rosto era bonito, olhos claros e brilhantes, os cabelos penteados para trás. Lembrava uma daquelas senhoras austríacas que Eileen vira, às vezes, caçando na sua Irlanda nativa.

Muito surpresa, ela observou que De Mille não deu a menor importância às observações da senhora; limitou-se a coçar a nuca distraidamente (ela lhe falara por trás) e continuou no seu trabalho.

Eileen virou-se para a sua filha, ainda jovem, e comentou a cena. A menina não ligou muita importância ao episódio. Deu de ombros e sorriu. Sua mãe tinha dessas coisas...

Naquele momento, Eileen percebeu a presença de alguém que lhe falava. Lá estava a pequena senhora, novamente, viva, meio agitada, impulsiva, a queixar-se de que não conseguia fazê-lo ouvir. Queria que Eileen o fizesse, transmitindo-lhe um longo recado, cheio de conselhos e sugestões. Dizia que haviam sido grandes amigos em vida. Ela sabia que De Mille era capaz de realizar coisas muito melhores do que aquela; além do mais, ele já estava a se repetir.

O problema se resumia, pois, em como dizer tudo isso ao impetuoso diretor, acostumado a mandar e não a obedecer. A Sra. Garrett narrou a experiência a alguém que, chegado a De Mille, a desencorajou de falar com ele. Eileen lamentou, pois continuava com a mais viva impressão da simpática e decidida senhora.

Para encurtar a história: só dois anos depois, em nova visita a Hollywood, a médium conseguiu uma entrevista com ele, ajudada por um amigo comum.

De Mille a recebeu, no seu gabinete, de maneira nada cordial. Dirigiu-se à janela, de onde ficou olhando para fora, de costas para a médium, enquanto lhe dizia:

"— Muito bem. Diga-me qual o seu assunto."

Eileen começou a falar, narrando o episódio ocorrido dois anos antes, tentando quebrar o gelo. A pequena senhora, junto dela, estimulava-a, insistindo para que prosseguisse sem desfalecimento. Em mais de um momento, na longa conversa — ou seria um monólogo? — que se seguiu, o Espírito da velhinha, ao que se depreende, ter-se-ia

Médium em conflito

incorporado e falado diretamente a De Mille, queixando-se de que há anos vinha tentando comunicar-se com ele. Estava fazendo um esforço enorme para que a emoção não a dominasse, pois tinha muita coisa importante a dizer-lhe. E repetiu os conselhos e observações expressos à Sra. Garrett anteriormente, os quais seria fastidioso reproduzir aqui. O diretor ouviu tudo sem virar-se, olhando o tempo todo através da janela. Eileen terminou e disse:

"— E só isso, *Mr*. De Mille. Posso retirar-me?"

Quando ele, afinal, voltou-se para ela, as lágrimas lhe corriam pela face abaixo. Olhou-a e perguntou:

"— Donde vem você? E para onde vai?"

Ela explicou que viera de Londres para Nova Iorque e, em seguida, para a Califórnia. Não era uma missionária, mas levava a sério o seu trabalho, bem como sua reputação de sensitiva.

"— Sinto-me feliz" — concluiu ela —, "sabendo que aquilo que eu faço seja de alguma utilidade, às vezes."

"— De alguma utilidade" — repetiu De Mille. — "De alguma utilidade..."

Assoou o nariz, com estrépito, e acrescentou:

"— Eu amava minha mãe; é verdade. Nem sempre nos entendemos bem, mas tinha um grande respeito por ela. Há mais de vinte anos que eu estava à espera disto!"

Eileen deixou a cidade no dia seguinte. Ao voltar, havia flores, por toda parte, no seu apartamento. E um bilhete de De Mille:

"Não venha mais à Califórnia sem avisar-me primeiro."

Pouco depois, De Mille começou a produzir os grandes épicos do cinema.

•

Eileen Garrett possuía a mediunidade de cura. Desdobrava-se com facilidade, fazia com segurança a psicometria de objetos e locais, era dotada, como vimos, de bem treinada vidência e de excelentes recursos de incorporação mediúnica para psicofonia. Contava com a assistência devotada de dois competentes amigos espirituais, que se identificavam como Uvani e Abdul Latif, mas jamais conseguiu aceitá-los como Espíritos, ou seja, como personalidades autônomas, independentes da sua! No entanto, em experiências feitas por uma equipe médica, certa vez, até a pressão arterial, ritmo cardíaco e reações diversas foram testados em cada uma das personalidades incorporadas e na Sra. Garrett em estado normal. Eram todas diferentes.

Ao que se conclui do relato da Sra. Garrett, ela não leu praticamente nada dos bons autores espíritas. Nas fases iniciais do desenvolvimento mediúnico, foi aconselhada pelo seu mentor (encarnado), Hewat McKenzie, a não ler livros espíritas, para evitar qualquer tipo de fixação! Essa recomendação — que, segundo ela, foi feita também por *Sir* Oliver Lodge — é incompreensível, a não ser que se refira a livros de subliteratura dita espírita, escritos por pessoas fantasistas e imaginosas, e que realmente podem prejudicar a formação de qualquer médium. Quanto aos livros sérios sobre o Espiritismo, em geral, e a prática mediúnica, em particular, tais como os temos hoje no Brasil — e a maioria deles já há anos circulava na Europa, na época referida pela Sra. Garrett —, seu conhecimento constitui condição básica, preliminar a qualquer esforço de desenvolvimento mediúnico. Estudar primeiro a parte teórica para trilhar depois a parte experimental. Essa é a regra. Teria sido esse o grande problema da Sra. Garrett, com sua mediunidade e descrença na realidade que ela própria demonstrava?

Parece que sim, porque, a certa altura do seu livro (pág. 228) — ignorando Kardec, Delanne, Geley, Denis, Aksakof, Bozzano e tantos outros —, ela escreve:

"Não acho que tenha havido muitas tentativas de reunir todos esses aspectos do subconsciente numa só disciplina que nos permitisse entender como alguém pode levar uma existência dupla, como é o meu caso."

Essa existência dupla a que ela se refere é a de todo médium desenvolvido, que percebe, simultânea ou alternadamente, duas realidades distintas: a do mundo material, à qual a maioria das pessoas está afeita, e a outra, para a qual são necessárias faculdades especiais. Que teria ela estudado no Colégio de Ciência Psíquica, durante os anos que lá esteve, de onde saiu "graduada" em 1929? O que lhe teria ensinado o casal McKenzie, que se incumbiu do seu treinamento naquele colégio? Sua narrativa não fornece, a respeito, material suficiente para uma apreciação.

Seja como for, ela elabora suas próprias teorias acerca dos fenômenos que produz ou presencia, desde os de *poltergeist* até os de psicofonia.

Podemos detectar uma dessas teorias na sua tentativa de racionalizar e entender os seus Guias espirituais:

"Prefiro imaginar os controles[6] como dirigentes do subconsciente. Inconscientemente eu os adotei pelos nomes durante os anos do treinamento inicial. Respeito-os, mas não posso explicá-los."

Não obstante, ela tenta explicá-los mais adiante, sem muito êxito, a meu ver.

---

[6] O *controle* é um Espírito incumbido de supervisionar não apenas o trabalho do médium, mas também a policiar as manifestações, evitando tumultos e disciplinando o desenrolar da tarefa mediúnica. É termo típico da terminologia inglesa.

Referindo-se não apenas aos seus "controles", mas também às entidades manifestantes em geral, a autora declara acreditar que sejam formados "das necessidades espirituais e emocionais da pessoa envolvida". Tais entidades seriam, pois, meros aspectos da personalidade ou complexos emocionais que se identificam como Espírito...

"Quanto a mim" — declara pouco adiante —, "jamais pude aceitá-los totalmente como habitantes espirituais do Além, o que eles parecem acreditar que sejam."

Sobre os seus Guias, tem isto a dizer:

"Eles parecem diferentes em sua natureza. O *complexo* Uvani (o grifo é meu) é quase sempre desligado: o porteiro, na personalidade do guardião. A personalidade de Abdul Latif é descrita como também compassiva, porém mais universalmente orientada para os eventos exteriores e, portanto, mais positiva nos seus pronunciamentos e julgamentos. Presumo que eles existirão enquanto eu existir, e talvez mesmo depois que eu houver abandonado a cena."

Essa linguagem e essas observações são incríveis numa médium tão bem dotada como a Sra. Garrett. Os seus dois amigos espirituais mais chegados serviram junto dela até o fim, anos seguidos, demonstrando, em incontáveis oportunidades, a sua autenticidade e total autonomia de personalidade, sem se preocuparem com as dúvidas e descrenças da médium excelente com o qual trabalharam. Nem mesmo o seu deformado conceito de sobrevivência eles insistiram em corrigir, ao que parece.

"Quanto a mim" — escreve ela à pág. 92 —, "não tenho necessidade de pensar em termos de sobrevivência à morte. Sinto-me parte das propriedades conhecidas da família terrena e isso me basta. Um dia, o alento que eu tive o privilégio de usar voltará a ser novamente parte do ser que é a família terrena."

Seus "controles" são meros símbolos do seu inconsciente, e seu Espírito, um simples sopro que, ao cabo de algumas décadas, é devolvido a uma espécie de ser coletivo, amorfo e indefinido, que ela chama de "família terrena"... As entidades que recebe são "processos intelectuais impostos por Hewat McKenzie e outros pelos quais tenho profundo respeito e, por isso, continuo a levar avante seus sonhos e esperanças". Ou seja: houve quem lhe dissesse que tais *entidades* eram Espíritos desencarnados, mas, com todo o respeito por essas pessoas, a Sra. Garrett acha que as manifestações são apenas "processos intelectuais"... Por isso, ela viveu, como confessa, sem nenhum interesse ou cuidado de preparar-se para a vida póstuma. Ela não sabe se é apenas *uma* pessoa ou *muitas*, nem que parte dessa complexidade toda vai sobreviver, *se sobreviver*. Enfim, sua confusão espiritual é comovente. Sua visão íntima é totalmente materialista, pois acredita que tudo cessará quando cessarem as funções químicas e energéticas do corpo.

É nessas teorizações fantásticas que ela mais se revela e mais se perde pelos meandros do seu intelectualismo e da sua descrença. Acha que a morte extingue também o livre-arbítrio, o que é lógico dentro da *sua* lógica, mas se existir algum outro lugar onde ela possa recapturar o que chama de seu "alento", então será um novo desafio, como o da vida aqui na Terra. Se não existir, "terei o conforto de não encontrá-lo". De qualquer forma, o seu "alento" continuará dentro da energia universal — "ilimitada, mas em ordem".

Não entende, por outro lado, possível a vida sem o cérebro. Chega mesmo a atribuir a banalidade e incoerência das comunicações mediúnicas ao choque que o ser experimenta ao perder o cérebro. Como pode ela falar em banalidade e falta de coordenação das comunicações em geral, quando ela mesma produziu tão notável evidência em contradita da sua própria tese? Acha, outrossim, que a aceitação da sobrevivência não torna os seres humanos melhores cidadãos do mundo, o que é igualmente falso, pelo menos quanto à generalização.

E quando fala na impossibilidade — a seu ver — de existir sem o cérebro, parece esquecer-se das inúmeras oportunidades em que ela própria, desdobrada do corpo físico, realiza coisas maravilhosas, como sua visita nesse estado a uma pobre moça doente e abandonada, que ela acabou curando de uma crise de pneumonia!

Mas, mesmo quando se vê desdobrada, a contemplar o espetáculo colorido das vibrações energéticas do seu corpo físico, declara que sua "imaginação permitiu que uma parte de mim mesma passasse além dos confins do meu ser" para presenciar o próprio corpo...

Por tudo isso, a Sra. Eileen J. Garrett é uma figura desconcertante, tanto para aqueles que estão convencidos da realidade espiritual como para os outros, que não buscam na pesquisa de suas faculdades senão confirmar as suas próprias frustrações e descrenças. Para os primeiros, ela demonstrou de maneira inequívoca a continuidade da vida, mas, contraditoriamente, não conseguiu convencer-se a si mesma. Os céticos e descrentes identificaram nela o reflexo do seu ceticismo e descrença, mas o que pensar dos notáveis fenômenos que produziu?

Eileen Garrett encontra-se hoje no mundo espiritual. Estamos certos de que sua brilhante inteligência e a devotada assistência de seus amigos espirituais acabarão por vencer os seus bloqueios intelectuais, mas chegará o tempo em que ela revisará com melancolia a tarefa que tentou realizar no mundo, pois deixou conosco fatos indiscutíveis, mas, com eles, uma equívoca e nebulosa teorização, incompatível com a excelência do seu trabalho mediúnico.

Se é que esta vida é uma lição — e todas as vidas contêm lições preciosas — vemos aí a responsabilidade dos médiuns, mas também a enorme responsabilidade daqueles que os orientam na sua formação teórica e no desenvolvimento experimental de suas faculdades. O fenômeno é importante, mas o é igualmente o testemunho que cada um de nós deixa sobre ele, pois sobre esse testemunho é que se montam e se estruturam as elaborações do pensamento, os conceitos de comportamento e, acima de tudo, se revela a posição em que nos colocamos em nosso relacionamento com Deus.

E outra coisa: É bom saber que, na nossa formação espiritual, tivemos a ventura de contar com a lúcida Doutrina dos Espíritos, compilada, ordenada e divulgada por Allan Kardec e desenvolvida pelos seus continuadores.

6

OS CÁTAROS, O AMOR E A REENCARNAÇÃO

A primeira consulta da nova cliente do Dr. Arthur Guirdham foi em março de 1962. Tratava-se de jovem senhora com pouco mais de 30 anos, bonita, comunicativa e sorridente. Falava com vivacidade, sem contudo demonstrar sinal de grande tensão. Seu caso não parecia também ser muito grave, a julgar pela carta do médico que a apresentava. O encaminhamento da paciente a um psiquiatra havia sido feito a pedido dela mesma. O problema se resumia num pesadelo recorrente, sempre acompanhado de terríveis gritos de pavor que ameaçavam acordar a rua inteira em que a família residia. O fato em si não parecia de grande interesse, mas é evidente que para a cliente tinha significado emocional de grande profundidade. No sonho, um homem entrava pela direita no cômodo em que era surpreendida deitada no chão. À sua aproximação, ela era tomada de indescritível terror, que a fazia despertar aos gritos. Havia vinte anos que o pesadelo se repetia, a princípio no espaço de alguns meses; ultimamente, porém, duas ou três vezes por semana.

A ficha médica enviada ao Dr. Guirdham mencionava alguns "ataques de inconsciência" que a paciente tivera na adolescência. Neurologista, consultado na época, pediu encefalograma e acabou diagnosticando na menina caso de epilepsia, opinião da qual o Dr. Guirdham não partilhava. Por outro lado, este não sabia ainda que os períodos de inconsciência começaram juntamente com os sonhos e certas "revelações", sobre as quais muito temos ainda a conversar ao longo deste artigo, em comentário ao livro do Dr. Guirdham.[7]

Aquela primeira entrevista com o novo médico produziu resultado inesperado na Sra. Smith, como a chama o autor. Ela ficou livre do pesadelo, que nunca mais se repetiu, mas disso o médico somente iria saber ano e meio depois.

Bem mais tarde, o Dr. Guirdham ficaria sabendo também que aquela consulta médica ensejara o reencontro de dois seres que haviam vivido linda história de amor na atormentada região do Languedoc, na França do século XIII. Começava naquele dia de março de 1962 a desdobrar-se lentamente o vasto painel histórico, no qual fora superposto o romance de dois e a tragédia de muitos.

Antes de passar adiante, porém, convém dizer que o Dr. Guirdham também tinha o *seu* pesadelo, que se repetia a intervalos irregulares desde os vinte e poucos anos. (Ao escrever o livro, segundo se depreende, estaria na faixa dos sessenta.) O pesadelo do médico era algo semelhante ao da paciente, e não menos aterrorizante, porque ele também emitia gritos de pavor. No sonho, um homem alto

---

[7] *The Cathars & Reincarnation* (Os cátaros e a reencarnação), Arthur Guirdham, Edição Neville Spearman, Londres, 1976.

aproximava-se-lhe por trás, à esquerda, enquanto dormia. Às vezes, o intruso se debruçava sobre ele, para observá-lo de perto, fazendo-o ficar rígido de pavor.

Há dois curiosos detalhes com relação ao caso do Dr. Guirdham: primeiro, descobriu que o indivíduo do *seu* episódio onírico era o *mesmo* do da Sra. Smith; segundo, que a partir da época em que se encontrou com ela (ou melhor, reencontrou-se) não teve mais o sonho. Ele não se lembra, ao escrever o livro, se foi pouco antes ou pouco depois, mesmo porque a essa altura, como vimos, ainda não sabia que o pesadelo dela também cessara misteriosamente.

•

O livro do Dr. Guirdham exige certo esforço de atenção do leitor e deixa este, às vezes (pelo menos foi o meu caso), algo frustrado, mas é evidente que sua maneira de apresentar a história tem o seu mérito próprio, por mais complexo e fragmentado que seja. Ele preferiu narrar os acontecimentos por meio das cartas e de outras referências pessoais da Sra. Smith, na ordem cronológica em que ela ia desenovelando suas lembranças.

No desenrolar desse processo, durante o qual as informações vão chegando aos pedaços, fora da sequência natural e, às vezes, muito enigmáticas, o autor mergulhou na pesquisa histórica sobre o período que serve de *background* ao romance de amor. Sob as mais estranhas e inesperadas circunstâncias e "coincidências", o Dr. Guirdham começa a encontrar gente, livros e artigos que tratam do assunto, detendo-se principalmente em dois especialistas, e das maiores autoridades mundialmente reconhecidas, no tema específico das lutas religiosas que ensanguentaram o Languedoc por causa da heresia dos cátaros. Um desses *experts* é o prof. René Nelly; outro, o prof. Jean Duvernoy;

autores, ambos, de obras de elevado conceito, meticulosamente pesquisadas e escritas ao longo dos anos.

É preciso fazer aqui uma abertura para nos situarmos no contexto da época. Antes, porém, uma ponderação dentro da digressão: a primeira leitura que fiz do livro do Dr. Guirdham, há cerca de um ano, causou-me inexplicável impacto. O volume pertencia, no entanto, a uma biblioteca, e não me foi possível, à época, escrever sobre a bela história nele narrada, mesmo porque eu também me propunha realizar as minhas próprias pesquisas, dado o fascínio que o tema suscitou em mim. Sentia-me de alguma forma envolvido no drama daqueles românticos e valentes heréticos da França medieval. E — coisa curiosa! — comecei a descobrir referências em livros antigos e recentes, que pareciam, intencionalmente, vir ter às minhas mãos, como, por exemplo, *The Occult*, de Collin Wilson (Edição Mayflower, Londres, 1976), e *Les Grandes heures cathares*, de Dominique Paladilhe (Edição Perrin, Paris, 1969). Só com o tempo descobri que numa existência no século XII tive realmente envolvimento pessoal com a efervescente e febricitante heresia que se estenderia até meados do século XIII, quando ocorre a história narrada pelo Dr. Guirdham. Naquele tempo estava eu do lado da velha e poderosa Igreja Católica, naturalmente, mas estejam os leitores descansados que não fui nenhum inquisidor de maus bofes.

A palavra cátaro é de origem grega, como se percebe facilmente, e quer dizer *puro*. O Dr. Guirdham, em nota de rodapé na página 11, informa que, para efeitos gerais e com vistas ao leitor não especialista, cátaros e albigenses podem ser considerados praticamente como sinônimos. É sob este segundo nome que ela se tornou mais conhecida, mas o termo contém conotações meramente geográficas, de vez que foi em torno da cidade de Albi que a seita mais se desenvolveu.

Segundo Will Durant (*The Age of Faith*, Ed. Simon & Schuster, Nova Iorque, 1950), a heresia foi como que "importada" da Bulgária, via Itália, implantando-se primeiramente em Montpellier, Narbonne e Marselha para fixar-se depois no Languedoc e na Provence, especialmente em Toulouse, Albi, Pamiers, Carcassone, Bézieres e adjacências.

Até recentemente eram escassos os conhecimentos acerca da verdadeira estrutura do pensamento cátaro, e a razão é fácil de ser explicada. É que praticamente tudo o que se sabia da famosa heresia era informação de segunda mão veiculada basicamente pelos cronistas católicos, principalmente os inquisidores, que a encaravam com os antolhos do fanatismo. Graças, porém, a pesquisas mais recentes — e aqui entram os eminentes autores franceses, há pouco citados — sabe-se hoje um pouco mais e melhor acerca das crenças, práticas e motivações dos cátaros. Ao tempo em que a Sra. Smith anotou suas mais importantes visões, impressões e sonhos, ela era uma menina de 13 anos e frequentava, na Inglaterra, uma escola primária. Como diz o Dr. Guirdham, o conhecimento sobre os cátaros na Inglaterra era infinitesimal. Que uma criança de 13 anos pudesse conhecer tanto do assunto seria efetivamente verdadeiro assombro, pois longe estava de saber que as informações por ela transmitidas tinham algo a ver com os cátaros, e ao procurar o Dr. Guirdham ainda ignorava totalmente essa conexão. Chega a ser, pois, fantástico que, por meio das suas visões e recordações, tenha frequentemente contestado os eruditos especialistas franceses, a tal ponto que o prof. Nelly se decidiu por acordar com o Dr. Guirdham que, em caso de dúvida ou controvérsia sobre algum ponto obscuro, o mais certo seria adotar a opinião da

Sra. Smith. E ela sempre achou que a teologia cátara, por mais que os historiadores a tenham indevidamente complicado, era simples, como simples eram suas práticas.

Em resumo (atenho-me à obra já citada de Dominique Paladilhe, bem como aos livros de Wilson e Durant), os cátaros, que foram, aliás, reencarnacionistas convictos, tinham o mais santo horror à matéria. Como Deus, infinitamente perfeito e bom, não poderia ter criado a matéria corruptível e má, esta só poderia ter sido obra de uma espécie de antideus, ou seja, um Deus mau que seria Satã ou Satanael. Algumas seitas não chegavam a esse dualismo absoluto, emprestando a Satã apenas a condição de semideus. Este, porém, não tinha poderes para criar seres humanos a fim de povoar a Terra; o recurso foi, portanto, provocar a queda dos anjos criados pelo Deus bom. Para aprisioná-los nos corpos físicos, seduziram-nos com os prazeres grosseiros da carne. Com a finalidade de salvar os seus anjos decaídos, o Deus bom resolveu então enviar à Terra um dos que lhe permaneceram fiéis. A este competia mostrar aos irmãos pecadores o caminho da salvação. Escolhido para essa missão, Jesus aceitou o encargo, não sendo, pois, o próprio Deus, segundo até hoje ensina a teologia católica. (Somente isto já é uma tremenda heresia.) Como anjo que era, no entanto, não poderia ter contato algum com a matéria impura e ignominiosa e, por isso, seu corpo foi apenas aparente, elaborado de alguma substância não material, mesmo porque Ele não poderia, na realidade, nascer de uma mulher.

A despeito desse afastamento em relação aos dogmas católicos, os cátaros consideravam-se verdadeiros cristãos; era-lhes prece predileta o "Pai-Nosso" e se conduziam pelos padrões da moral do Sermão da Montanha. Observavam abstinência de carne, que substituíam pelo peixe; vestiam-se com simplicidade e viviam em regime de grande fraternidade. Dividiam-se em duas categorias: os *parfaits* (perfeitos) ou *parfaites* (perfeitas), que constituíam uma espécie de sacerdócio, e os *croyants* (crentes). Estes deviam a maior veneração aos *parfaits*, cumprindo-lhes mesmo ajoelharem-se diante deles. Uma vez assumida a condição de "perfeito", ou "perfeita", a pessoa tinha que renunciar aos laços de família, se fosse o caso, sendo mandatória a abstinência sexual.

O ritual da iniciação era denominado *consolamentum* e incluía a imposição de mãos. Por causa dos rigores impostos aos "perfeitos", que também se chamavam *Bonshommes*, eram muitos os crentes que adiavam a hora do *consolamentum*, como certos cristãos primitivos adiavam o batismo para, tanto quanto possível, morrerem purificados pelo sacramento que, supostamente, lavava a alma de todos os pecados. Na realidade, somente os *parfaits* eram considerados parte integrante da Igreja Cátara, da mesma forma que só o batizado faz parte da Católica. Os *croyants* formavam como que uma espécie de catecúmenos, ou seja, aspirantes. Havia uma insistência considerável no retorno às práticas e crenças primitivas dos cristãos, o que, segundo Paladilhe, explica o enorme êxodo da heresia, especialmente no Languedoc.

Na verdade, a seita começou a alcançar projeção e a ganhar força, ainda que, a princípio, não lhe houvessem emprestado grande importância. A certa altura, a Igreja começou a sentir-se ameaçada e designou S. Bernardo, o monge de Clairvaux, para tentar reconduzir os cátaros ao Catolicismo. O prestigioso santo visitou o Languedoc, pregou admiravelmente, realizou vários "milagres", mas não conseguiu senão limitado êxito, aqui e ali: os cátaros permaneceram firmes nas suas crenças, nas suas práticas e na divulgação das suas ideias, até que o papa Inocêncio III achou que não fazia sentido despachar Cruzadas para combater os muçulmanos, quando havia ali mesmo na Europa perigosos inimigos da Igreja. E foi assim que, após novos esforços de conversão realizados por S. Domingos no século seguinte ao de Bernardo, a Igreja montou dois dispositivos imbatíveis para esmagar os cátaros: a Inquisição e uma Cruzada. A luta foi longa e sangrenta, porque a heresia estava solidamente implantada no coração do povo; o clero católico, acomodado; e os nobres, quando não abertamente partidários, protegiam a seita ou a toleravam. Enquanto isso, os trovadores — e isto seria um artigo à parte —, muitos deles *croyants* ou simpatizantes, nas suas andanças de castelo em castelo, de cidade em cidade, contribuíam com as suas baladas para divulgar cada vez mais a seita que ameaçava empolgar toda a França, ou, quem sabe, até a Europa inteira!...

É no período de ameaças, perseguições e atrocidades que se desenrola o belo romance de amor que a Sra. Smith foi resgatando à sua memória para oferecer ao Dr. Arthur Guirdham. É hora, pois, de voltar a eles.

•

Tentarei reconstituir a história que eles viveram no século XIII, costurando os inúmeros retalhos que o Dr. Guirdham extraiu da correspondência da Sra. Smith. Quando disse alhures que o livro me deixou algo frustrado é porque teria preferido que ela o houvesse escrito e não ele. Enquanto o estilo do médico é frio, algo impessoal, mesmo algum tanto monótono e, portanto, cansativo, o da paciente põe nos depoimentos o colorido da sua personalidade e o calor das emoções, pois, a despeito do discreto tratamento que dá aos episódios, e até mesmo de certo pudor em deixar transparecer a carga de emotividade, a força do amor desborda das barreiras de algumas convenções, da mesma forma que atravessou a barreira do tempo para renascer purificado setecentos anos depois.

No Languedoc medieval, cujos costumes e imagens povoaram as visões e os sonhos da Sra. Smith desde a infância, ela fora uma jovem de origem humilde e o Dr. Guirdham um *croyant* de sangue nobre, por nome Roger. Todas as suas emoções e lembranças giram em torno desse homem, bem mais velho do que ela (tal como na vida atual), e das pessoas que compunham o pequeno grupo envolvido nas graves questões religiosas da época. Por muito tempo ela pensou que aquelas figuras e aqueles acontecimentos resultavam simplesmente de sua imaginação, pois nada mais natural que uma jovem sonhar com o seu príncipe encantado. Às vezes, tornava-se até difícil separar a realidade da evocação, e principalmente distinguir a sequência a que nos habituamos em relação ao tempo.

"Em certas ocasiões" — escreve ela ao Dr. Guirdham —, "fico tão confusa que não tenho certeza, honestamente, se uma pessoa acabou de me dizer algo ou se alguém mo dirá um dia, ou se já mo disse no passado."

Maior receio não tinha senão o de que estivesse fora de seu juízo. Em uma das numerosas cartas, declara que parece ter apenas duas opções: ou é epilética ou lunática. Só com o tempo Dr. Guirdham, que também aceita a doutrina da reencarnação e a sanidade das pessoas dotadas de faculdades psíquicas, fá-la convencer-se, como terceira opção, de que é uma criatura perfeitamente normal, e apenas se recorda de seu passado remoto. Ao convencer-se disso, ela lhe manifesta seu enorme alívio. Não obstante, durante esse processo — as pesquisas e a troca de correspondência — às vezes ainda se desespera:

"Se, quando o senhor estiver na França, encontrar Fabrissa, Roger Pierre de Mazerolles ou qualquer um dessa turma de malucos, diga-lhes para irem todos para o inferno."

Não adianta, porém, as tentativas de recuo; os sonhos e as visões de vigília persistem. Ela vai ao sótão buscar os cadernos escolares, onde anotou nomes, emoções, fragmentos de lembranças desconexas, como quem desenha isoladamente as peças de um vasto quebra-cabeça, sem saber ainda que arranjo vai surgir daquilo, se é que algo coerente possa emergir dali. Chegou mesmo a escrever o que chama de *novela* — provavelmente uma peça de inspiração mediúnica ou, certamente, anímica —, na qual derramou toda a força das suas emoções. Colocou nessa obra tanto de si mesma que, infelizmente, acabou por sacrificar os preciosos originais ao fogo. Era certamente a história de seu amor e das paixões e tumultos que mancharam de sangue e lavaram de lágrimas aquela época ao mesmo tempo tenebrosa e romântica.

•

Vejamos como a Sra. Smith descreve seu primeiro encontro com Roger, segundo as notas redigidas aí por volta dos 13 anos:

"Eu poderia escrever um livro sobre Roger sem esforço algum" — diz ela. — "Sonhei tudo aquilo em diferentes oportunidades e é muito fácil passar para o papel. Mas, se o fizer, nunca será publicado. Eu não o suportaria. É bom saber que outras meninas também sonham com seus amados. Eu preferiria não ter, porém, esta incômoda sensação de que o meu caso é diferente. Não quero viver de fantasia, ainda que aquele mundo seja tão real para mim. Talvez, se eu escrevesse um livro, me libertasse dessas impressões.

Jamais me casarei. Tom (o namoradinho da época) não gostará disso. Devo ter natural aversão ao casamento. No meu sonho não sou casada, nem mesmo com Roger."

Observem, a seguir, o maravilhoso impacto do primeiro amor, que é, provavelmente, aquele único e imortal amor que se repete vida após vida, muito embora separadas, às vezes, por séculos e até milênios:

"Apaixonei-me por ele naquela mesma noite em que chegou a nossa casa, durante a tempestade de neve. Esforçava-me por não ficar a contemplá-lo; mas sentia incoercível consciência da sua proximidade. Não tinha forças para me afastar dele, mesmo que o desejasse. A casa era muito pequena. Chamei-a de casa, mas era pouco mais do que uma cabana. Um só cômodo — eis tudo. E ele parecia ocupar ali cada polegada de espaço. Estou certa de que não havia outro pavimento. Os únicos móveis eram um banco rude e uma mesa. Era quase tão escuro ali dentro como lá fora, porque a pequena janela não tinha vidros e a abertura era vedada por um rústico pedaço de tábua, para não deixar entrar os elementos."

Ao escrever isto, a autora não sabia que o vidro na Idade Média era objeto de luxo; só os palácios dos ricos e as igrejas os exibiam.

"Eu me sentia cheia de alegria" — prossegue a narrativa quase infantil —, "porque o tempo estava péssimo e era necessário que ele ficasse para pousar. Aquela noite eu o beijei enquanto dormia. Dormíamos no chão, com as roupas de uso diário, em torno do fogo e, na meia-luz, eu via a sua mão com um anel no polegar. Cheguei-me para perto dele muito devagarzinho, pois não queria que ninguém acordasse. Quando estava suficientemente perto, beijei-lhe a mão e me senti feliz. Nunca havia beijado um homem antes."

Ela descreveria não apenas aquele anel com um símbolo cátaro gravado, mas também suas roupas, seus hábitos, suas ideias. É claro que Roger também amou a jovem camponesa, à qual chamava carinhosamente de Puerília, uma palavra com a raiz latina *puer*, que quer dizer criança. A diferença de idade era grande e, para o sisudo Roger, a moça deveria ser realmente adorável criança que o amava com enorme respeito e admiração.

"Roger costumava ir a umas reuniões em Montbrun, e eu também. Somente ia para vê-lo. Eu sabia que meu pai ficaria zangado se soubesse dessas reuniões e de algo sobre Roger. Tínhamos de ser cautelosos. Havia muitos lugares onde podíamos estar a sós. Havia bosques na região. Roger costumava falar bastante quando reunido com os seus pares, mas andávamos, às vezes, milhas de mãos dadas e raramente trocávamos palavra."

Há dois lugares por nome Montbrun (um deles escreve-se Monbrun), perto de Toulouse; outro, a cerca de 32 quilômetros de Foix; e um outro, pouco ao norte de Corbières, no Aude. A Sra. Smith insiste, porém, em que o *seu* Montbrun ficava nas vizinhanças de Montgaillard, não muito longe de Foix, e que teria desaparecido ou mudado de nome no correr dos séculos.

É preciso esclarecer ainda que, a despeito de sua liderança e da sua pregação, Roger não era um *parfait*, não tendo chegado, portanto, a receber o *consolamentum*. Do contrário, seria estranho que mantivesse aquele tipo de relacionamento com Puerília. Vejamos, porém, como foi que prosseguiu a história.

"O dia em que meu pai me bateu e me expulsou de casa foi o mais feliz de minha vida. Fui para Roger apenas com a roupa do corpo. Estava até sem sapatos. Acho que eu os tinha, pois não me lembro de caminhar descalça ao lado dele. Devo tê-los deixado para trás. A casa dele ficava no alto de um morro, e o caminho que levava até lá era áspero e pedregoso. Ele morava numa casa grande — uma habitação fortificada que não chegava a ser propriamente um castelo. Passamos por um portão aberto em alto muro e atingimos um pátio, que atravessamos para alcançar a porta principal. Entrei relutantemente por causa da minha roupa. Gostaria de ter algo mais bonito para vestir. Depois da porta principal havia alguns degraus que levavam a grande salão. Era enorme e tinha vários bancos, cadeiras e mesas. Havia algumas pessoas na casa. Foram todas elas muito boas para mim e eu me sentei perto do fogo, na extremidade do salão. Estavam cozinhando alguma coisa. Não sei o que era. À noite, fiquei sentada a contemplá-lo, enquanto ele entretinha-se em jogar. Fazia lembrar um jogo de damas, com fichas muito trabalhadas e um dado."

Foram "sublimemente felizes", no dizer dela. E quando ele partia para as suas frequentes andanças, parece que levava consigo um pouco de sua própria vida. "Eu era uma alma perdida sem Roger..."

É nesse ponto que começam a aparecer as demais personagens da história. Havia, por exemplo, Alaïs ou Helis, irmã de Roger. Outros três irmãos, pertencentes à família dos Fanjeaux, eram netos do conhecido trovador Guillaume de Dufort. Helis casou-se com Arnaud de Mazerolles. Seu filho, Pierre, um tipo irresponsável e interesseiro, era a figura espectral que atormentava o Dr. Guirdham e a Sra. Smith nos pesadelos. Nessa dramática série de eventos, ele participara de pequeno grupo que assassinou dois inquisidores, do que muito se orgulhava. Foi quem anunciou a Puerília que Roger havia sido preso. Chegara quando ela dormia no chão, como de hábito, e não só lhe trouxe a notícia terrível como tentou ainda beijá-la. Aquele assassinato contribuiu para intensificar as perseguições.

Uma grande figura dessa época era Fabrissa de Mazerolles, identificada como cunhada de Helis e de Roger e tia do famigerado Pierre. Era uma *parfaite* proeminente, de algumas posses, e na sua ampla casa havia reuniões constantes, onde os cátaros perseguidos sempre encontraram acolhedor refúgio. Por isso, quando as recordações da Sra. Smith começaram a emergir, uma frase estava bem clara naquele emaranhado de lembranças fragmentárias e misteriosas:

"Se algo me acontecer vai a Fabrissa."

Nem o Dr. Guirdham nem a Sra. Smith sabiam se Fabrissa era nome de pessoa ou de lugar. Mais tarde, porém, com a colaboração dos eruditos e as pesquisas nos depoimentos da tenebrosa Inquisição, aqueles nomes, que pareciam meras fantasias, ganharam os contornos da realidade. Eram gente mesmo que amou e sofreu por uma causa perdida, por um ideal que nem o terror da fogueira conseguiu extinguir naquelas sofridas criaturas.

•

Depois da prisão de Roger, que sofreu longas e penosas torturas para morrer abandonado numa prisão, a vida de Puerília foi curta e inapelavelmente infeliz.

"Não conseguia esquecer-me de Roger e desejava morrer para reunir-me a ele. Será que todas aquelas viúvas (ela vivia, então, numa espécie de convento cátaro) também choravam secretamente como eu?"

Por toda parte havia perseguições, torturas e matanças. A todo momento chegavam notícias tristes: amigos presos, companheiros mortos, gente massacrada ou queimada viva.

Os cátaros, o amor e a reencarnação

"A vida era algo barato" — escreve a Sra. Smith, recordando — "e podia ser extinta em poucos segundos. Em breve, todo mundo estaria morto e a Terra ficaria juncada de carne podre, malcheirosa."

Chegou finalmente, o dia da libertação de Puerília. Ela reviveu toda a cena em um dos seus sonhos. Havia outras pessoas. Ninguém parecia ter medo do que os esperava.

"Caminhávamos descalços pelas ruas na direção de uma praça, onde achas de lenha estavam prontas para ser acendidas. Havia vários monges em redor, cantando hinos e rezando. Não me senti grata a eles. Achei que tinham mesmo que orar por mim. Eu deveria ter sido pessoa muito má. (O texto foi escrito quando a Sra. Smith tinha apenas 13 anos e, como se vê, ignorava a extensão e profundidade da tragédia que vivera 700 anos antes.) Não penso em coisas más quando estou acordada, mas sonho coisas terríveis. Detesto aqueles monges ali reunidos para assistirem à minha morte. Uma colega, na escola, me disse certa vez que sonhou com a crucificação do Cristo. Eu preferia ser crucificada a ser queimada."

E, a seguir, a descrição do fim, que quase chega a doer no leitor:

"A dor era de enlouquecer. A gente deveria orar a Deus quando está morrendo, se é que se pode orar em plena agonia. No meu sonho, eu não orava a Deus. Pensava em Roger e em quanto eu o amava. A dor daquelas chamas não era nem a metade da que experimentei quando ele morreu. Senti-me subitamente alegre por estar morrendo. Eu não sabia que, quando a gente morre queimada, a gente sangra. Eu sangrava que era um horror. O sangue pingava e chiava nas chamas. Gostaria de ter bastante sangue para apagá--las. O pior, porém, foram os meus olhos. Detesto a ideia de ficar cega. Já basta o que penso quando estou acordada,

mas nos sonhos não posso me livrar dos meus pensamentos. Eles persistem. Neste sonho eu estava ficando cega. Tentei fechar os olhos, mas não pude. Eles devem ter sido queimados e agora aquelas chamas iriam arrancar-mos com os seus maléficos dedos. Eu não queria ficar cega..."
De repente, inopinadamente:
"As chamas não eram tão cruéis, afinal de contas. Comecei a senti-las frias. Geladas. Ocorreu-me, então, que eu não estava sendo queimada, e sim morrendo congelada. Estava ficando anestesiada pelo frio e, de repente, comecei a rir. Havia enganado toda aquela gente que pensava poder me queimar. Sou uma feiticeira. Por artes mágicas, tinha transformado fogo em gelo!"
E assim termina a história de Puerília, aí por volta do ano de 1240, no Languedoc. Termina a sua história? Não. É apenas um capítulo que a fogueira inquisitorial escreveu. Partira, afinal, ao encontro do seu Roger amado, para reencontrá-lo na Inglaterra, 700 anos mais tarde.

•

Às vezes, parece que a Sra. Smith enfrenta certos conflitos interiores ao relatar a história ao Dr. Guirdham:
"Poderia contar-lhe muita coisa mais sobre Roger" — escreve ela certa vez. "Não que eu esteja deliberadamente a ocultá-las do senhor. É que me sinto tão estupidamente constrangida que não consigo dizê-las."
É evidente que ela não pode esquecer-se de que o velho psiquiatra, que a curou de maneira quase mágica de um pesadelo de 20 anos, é o seu Roger do século XIII.
Numa visita que ela fez à França, esteve em Bayonne e de lá escreveu a ele:
"No alto da elevação há velha catedral com interior escuro, feio e opressivo. Foi aqui, neste lugar sombrio, que

senti estar justamente onde estive antes e, sinto dizer-lhe isto, tive uma esmagadora sensação da sua presença."

Vejam, agora, a beleza deste depoimento da Sra. Smith, também do tempo em que era uma menina de 13 anos, na Inglaterra:

"Seria maravilhoso se fosse possível encontrar um homem que eu amasse como o amei. Sei que, várias vezes, pensei estar amando e acho que estou amando agora. Possivelmente Tom e eu seríamos felizes se nos casássemos. Nas profundezas do meu coração, porém, ainda amo aquele homem dos meus sonhos. Sinto que pertenço a ele e a ninguém mais. Gosto que Tom me beije. Às vezes, penso em como seria estupendo casar-me, mas isso não seria nem uma fração do que seria se o casamento fosse com Roger, que nunca foi meu marido, e é, contudo, o mais precioso amante que tive ou que jamais terei."

Tão belo quanto a pureza desses amores é descobrir que o fio invisível da nossa vida se entrelaça com muitos outros e, ao longo dos milênios, vão tecendo um tapete mágico de sonhos e de dores, de mortes e de renascimentos, de alegrias e de esperanças. É muito belo saber que um dia veremos todo o tapete diante de nossos olhos siderados e só então haveremos de perceber que aqueles fios, tecidos pelas mãos hábeis das Leis Divinas, vão ficando cada vez mais diáfanos, até que, convertidos na substância mesma da luz, mergulham na luz maior e mais pura que nasce do âmago mesmo do próprio Deus...

A PERIGOSA BRINCADEIRA DO COPO

No verão de 1966, um jovem decorador de Nova Iorque, por nome Arnold Copper, quase morreu afogado na praia de Fire Island, sob estranhas e inexplicáveis circunstâncias. Apesar de excelente nadador, em plena forma física, foi arrastado por uma corrente e virtualmente "puxado" para o fundo, como se uma força irresistível e maligna desejasse fazê-lo afogar-se. Sem esperança de ser ainda ouvido, gritou por socorro já muito afastado da praia. Quando despertou, estava estendido no *deck* de uma casa, cercado por alguns olhares ansiosos. O grito fora ouvido e ele miraculosamente salvo por uma pessoa em pequena balsa.

No ano seguinte, porém, esquecido o incidente, ele e mais três companheiros alugaram aquela mesma casa na Fire Island, por toda a temporada de verão.

Sentia-se maravilhosamente bem quando, a 30 de junho de 1967, sentou-se atrás da direção do seu Mercedes-Benz, novinho em folha, em companhia de um casal de cachorrinhos de estimação. Ganhava uma fortuna pelo seu trabalho com uma clientela rica e sofisticada de diplomatas, astros do cinema, escritores e artistas de sucesso. Apanhou dois dos três amigos nos seus respectivos endereços e algumas horas depois estavam instalados na casa da praia. Michael era escultor, 25 anos, bonitão. Howard, também jovem e cheio de vitalidade, era distribuidor de filmes cinematográficos; François, o terceiro amigo, já se encontrava na casa. Era francês de origem, fotógrafo de profissão e vivera alguns anos na Itália. Copper, que conta a história de parceria com Coralee Leon,[8] classifica-o como "terrivelmente egocêntrico, não se deixando envolver em nenhuma atividade do grupo se não pudesse colocar-se no centro dos acontecimentos". François era também católico e supersticioso. Em suma, uma criatura difícil, mas que sabia ser também encantadora e, ademais, um "tremendo cozinheiro".

A conversação seguia errática de tópico em tópico e terminou encaminhando-se para a problemática dos fenômenos psíquicos, depois que Copper declarou que não pretendia sair porque desejava ler *Rosemary's Baby* (*O bebê de Rosemary*), o livro do momento. A ignorância acerca do assunto seria apenas comovente se não fosse tão perigoso o despreparo com que pouco depois se envolveram de corpo e alma em tumultuados contatos com Espíritos.

O único dos presentes que possuía uma vaga crença na possibilidade de homens e Espíritos estabelecerem conexões inteligentes era Michael, que se apoiava em algumas experiências esparsas com a sua avó, dotada de certa sensibilidade mediúnica.

---

[8] *Psychic Summer*, Arnold Copper e Coralee Leon, Dell Publishing Co., Nova Iorque, 1976.

A perigosa brincadeira do copo

Howard era francamente negativo e não se dava ao trabalho de pensar no assunto. François, como católico, acreditava em alguma forma de sobrevivência, mas também na existência de demônios, que temia tanto quanto as manipulações de magia negra que testemunhara ao tempo em que viveu na Itália. Arnold não tinha a menor noção. Sabia sobre os médiuns o que o cinema costuma mostrar: tipos meio escusos e escorregadios que tantas faziam que acabavam sendo apanhados em fraude e postos sumariamente na cadeia por algum crime cometido. Essa história de sessões era coisa inventada pelos novelistas para criar uma atmosfera adequada aos seus enredos.

Para encurtar a conversa, a curiosidade foi maior que o despreparo. Michael, o mais *entendido* no assunto, improvisou uma "sessão de copinho", traçando as letras e os números em círculo no tampo da mesa de refeição. Acharam na cozinha um copo apropriado, sentaram-se em torno da mesa os três — François muito relutantemente — enquanto Howard, o cético, concordou em ficar por ali tomando nota das letras, se é que o copo iria mesmo mover-se em torno delas.

Arnold confessa, no livro, que "não tinha a menor ideia do que estava fazendo". Depois de uma evocação "a qualquer Espírito que desejasse comunicar-se", o copo principiou a mover-se rapidamente em círculo, para surpresa geral. Aos poucos a comunicação começou a desdobrar-se, à medida que o Espírito tentava dificultosamente responder às perguntas dos bisonhos experimentadores. Disse, letra por letra, que se dirigia a todos, chamava-se Zena e sentia longa e profunda solidão. Durante a pausa de dez minutos que o Espírito sugeriu, os participantes discutiram excitadamente o fenômeno. Estaria algum deles empurrando o copo? Será que Michael estava trapaceando?

Quando a sessão recomeçou, François, temporariamente esquecido dos demônios, desejava saber se ficaria rico como fotógrafo e se teria, afinal, seu desejado contrato com a revista *Vogue*. O Espírito disse *não* quanto à riqueza e *sim* quanto ao contrato, e deu a entender que não viera ali para responder a perguntas como aquelas. Fizeram François calar a boca e o experimento prosseguiu.

Zena nascera em Liverpool, morrera em 1873, sem dor, e pedia que a deixassem manter contato com o grupo em outras oportunidades.

A primeira sessão, improvisada sob bases tão frágeis, terminara, deixando um saldo de perplexidade, mas também de acerbamento da curiosidade, a despeito da forte conotação de descrença que ainda predominava. Embora Michael estivesse pronto a admitir que "talvez Zena não fosse uma mulher imaginária, mas memória de alguma vida anterior de um de nós", Arnold confessa a dificuldade que estava enfrentando em fazer a transição daquele mundo meio fictício para a realidade.

"Para começar" — escreve ele —, "eu não sabia se os Espíritos existiam mesmo."

Algumas outras perplexidades os esperavam; por isso, decidiram que o melhor era fazer nova sessão para investigar mais profundamente o assunto. Isto foi levado a efeito na noite seguinte.

Não sabiam, porém, nem como dar início. "Devemos chamar Zena?" — perguntou Arnold. Não foi preciso: imediatamente o copo começou a mover-se e Arnold pediu "ao copo" que lhes contasse a sua história.

O trabalho se desenrolava lento, confuso e enigmático, cheio de expressões vagas e incompreensíveis, numa linguagem telegráfica difícil de decifrar. Aos poucos, porém,

A perigosa brincadeira do copo

uma história começou a emergir daqueles pedaços sincopados de informação.

Zena confirmava sua morte em 1873. Fora em naufrágio, ali por perto, de um navio que viera de Liverpool sob o comando de um certo capitão Higgins. O capitão tivera um caso com Beth, irmã de Zena, e dessa ligação nascera uma menina, da qual Zena tomara conta. Aparentemente todos haviam morrido no naufrágio e seus Espíritos sentiam-se ainda presos aos destroços do navio no fundo do mar, continuando a viver seus dramas obsessivos. Descobriu-se mais tarde que Beth e Higgins eram violentos e agressivos e exerciam terrível pressão sobre Zena. Ao que se depreende, não desejavam que a história da ilegitimidade da filiação da menina transpirasse.

Pouco a pouco Arnold e Michael foram passando do interesse ao fascínio, enquanto iam também envolvendo outros amigos que igualmente desconheciam o fenômeno e como lidar com ele. Somente Sharma, amiga de Arnold, uma jovem nascida no Ceilão e educada em família católica, parecia ter alguma noção mais precisa do que estava se passando. Mesmo assim, a par de juízos e conceitos acertados, emitia outros totalmente disparatados, talvez devido à sua inexperiência, a despeito dos conhecimentos que lhe foram ministrados no passado. Seja como for, a moça passou a ser uma espécie de "consultora" do grupo, mesmo sem o desejar. Percebeu claramente o perigo que aquela brincadeira representava para cada um dos despreparados praticantes da mediunidade e tentou persuadi-los a abandonar a pesquisa. A essa altura, porém, a curiosidade de todos estava por demais aguçada para que se decidissem a colocar um ponto final nos contatos espirituais. Até mesmo François, sempre temeroso, não conseguia escapar ao fascínio das sessões de fim de semana.

Os temores de Sharma logo se concretizaram. Na primeira sessão realizada após a conversa com ela, manifestou-se Beth, a irmã de Zena, declarando ter morrido cinco anos depois da irmã, em 1878, ao que parece em outro naufrágio. (A história é bastante confusa e esquemática.)

Os rapazes ficam cada vez mais intrigados, mas o aturdimento mais intenso é de Arnold, que insensivelmente vai ficando obsedado pela ideia de desvendar aquele mistério póstumo. Seria possível àqueles Espíritos permanecerem um século presos aos seus problemas e aos destroços de um navio? Por que não haviam se reencarnado logo em seguida, se é que essa história de reencarnação era verdadeira? Sharma respondia ao que podia e segundo sabia, mas não conseguia fazer com que desistissem daquela cega busca de Espíritos por processos que desconheciam, dentro de uma realidade que totalmente ignoravam. Era a única nota de bom-senso naquele envolvimento cada vez mais profundo. Além do mais, ela temia por François, em virtude da sua frágil estrutura emocional, e mais tarde temeu também pelo próprio Arnold, pois começou a perceber que estavam caminhando todos para uma crise de obsessão ou até mesmo para um fenômeno mais violento de possessão.

Arnold não aceitava essa hipótese de forma alguma. Estava convencido de sua lucidez e do perfeito controle que exercia sobre a situação. Sentia-se de alguma sorte ofendido ante as observações da namorada.

Nesse ponto é que Sharma desenvolve uma das suas complexas e inaceitáveis teorias, segundo a qual, no caso de uma explosão de sentimentos, o chamado corpo emocional assumia o controle da pessoa e, então, era um desastre. Em contraposição a esse, havia o corpo mental que, segundo ela, manipulava os pensamentos como um computador processa informações.

Na opinião de Sharma, Michael encontrava-se já à beira da possessão.

De certo ponto em diante as sessões começam a ficar mais e mais tumultuadas, à medida que a luta entre Zena e Beth se acirra pela posse do copinho por meio do qual se manifestam. Em uma sessão em que Beth comparece sustentada pelo seu amigo Higgins, o capitão e pai de sua filha Rosamond, as coisas ficam realmente sérias, porque Zena é sumariamente afastada e neutralizada. Beth e o capitão são violentos e pródigos em ameaças, ao perceberem que o grupo de encarnados tem suas simpatias por Zena e procura desajeitadamente ajudá-la.

Numa sessão da qual participou Melissa, uma amiga de Arnold, o ambiente sofreu tremenda degenerescência. Beth agrediu verbalmente Melissa com uma enxurrada de palavras do mais vil calão. A moça retrucou à altura, indignada e desafiadora. Um cinzeiro de cristal, sobre o qual fora colocada a vela que iluminava a sessão, voou da mesa em direção a Melissa, ferindo-a na cabeça. Deu-se, como era de esperar-se, grande tumulto e sobressalto, aturdindo os inexperientes praticantes daquele mediunismo.

Aliás, além da ignorância total quanto à mecânica das sessões e à posição dos Espíritos, as reuniões se realizavam com inevitáveis tonalidades de curiosidade, após jantares amplamente regados com bebidas e animados pela conversação livre que prevalece em certos círculos sociais mais desinibidos. Ninguém ali cogitava de uma atitude de recolhimento e muito menos de uma prece, solicitando a assistência de Espíritos desencarnados mais experimentados que pudessem disciplinar as manifestações, cada vez mais agitadas.

É verdade que desejavam vagamente ajudar Zena. Mas como? O que fazer?

Certo dia de semana, na cidade, Arnold ficou evidentemente sob influência espiritual, de que resultou grave acidente, do qual saiu ileso, mas seu belo Mercedez-Benz sofreu o que os seguradores chamam de perda total. Só aí lhe ocorreu que estava completamente enganado ao pensar que os Espíritos estariam de certa forma limitados à casa da praia e que jamais seriam capazes de acompanhá-lo por toda parte.

Outro fenômeno de efeito físico ocorreu em sua casa, quando sumiram alguns papéis importantes e o despertador — que não tocou na hora ajustada — foi encontrado, depois de intensa busca, debaixo de um sofá na sala, travado.

Então era verdade: os Espíritos nos acompanham aonde formos!

"Não podíamos vê-los" — escreve Arnold —, "contudo, imperceptíveis, eles podiam, não apenas nos ver, mas ouvir o que falávamos e até mesmo inteirar-se dos nossos pensamentos. Mais desconcertante ainda é que podiam levar as pessoas a se afogarem, navios a afundarem e, em alguns casos, carros a baterem. De onde eles sacavam esse poder?"

Em outra sessão, da qual Melissa participou, travou-se novamente a batalha entre ela e Beth, o Espírito. As duas odiaram-se à primeira vista e trocaram tantos desaforos que Melissa, de todo transtornada, acabou afinando-se perfeitamente com o Espírito, que se apossou dela e a levou a dar uma vigorosa bofetada no rosto de Arnold. Só mais tarde Arnold compreenderia que não foi Melissa quem bateu, mas o Espírito que se incorporou nela.

As sessões haviam chegado, pois, no nível das ameaças mais grosseiras, dos palavrões mais escabrosos, dos bofetões e das incorporações violentas. O próprio François acabou sendo vítima de uma destas, que o deixou prostrado e assustou todo mundo.

Faltava a mistificação, que não tardou. Numa das sessões, os manifestantes prometeram materializar-se lá fora, na bruma da noite. O local foi indicado: deveriam caminhar em certa direção até o fim do *deck*. As duas (Zena e Beth) estariam lá, visíveis: uma de vermelho, outra de azul. Após algum debate, interromperam a sessão e saíram os quatro. A noite era fria e nevoenta. Mal enxergavam uns poucos metros adiante, e, para não se perderem, marchavam em coluna por um, com a mão no ombro do companheiro da frente. Lá chegando, tensos e apavorados, nada viram, naturalmente. Voltaram e recomeçaram a sessão.

O Espírito informou que voltassem a procurá-los e citou a direção que deveriam seguir. Era diferente da anterior, mas mesmo assim eles foram. Poderia ter havido algum engano... Quando voltaram, desapontados novamente, o Espírito escreveu a óbvia frase:

— Como podem ver, tenho vocês sob meu controle. Posso levá-los a fazer o que eu quiser. Não interfiram.

Nesse ponto, Arnold confessa que sua vida estava adquirindo "a qualidade do sonho". Fantasia e realidade estavam se fundindo uma na outra e ele começava a não saber ao certo como separá-las. Pouco depois, ao bater uma fotografia despretensiosa numa festa realizada na casa vizinha, verificou-se que, além das pessoas presentes, lá estavam duas figuras diáfanas e fantasmagóricas que a câmara Polaroid captara do invisível. Seriam Zena e Beth?

Para provar que não estavam sob controle das entidades, resolveram terminar com as reuniões, o que era uma vitória por fuga, como o autor reconhece. Aquilo, porém, não era ainda o fim.

Depois de uma festa tipo *dolce vita*, em que tudo era permitido, outra sessão foi realizada com a presença de Melissa e de François, que se empenharam, uma vez mais, na batalha verbal de palavrões com Beth.

A décima segunda sessão dessa tumultuada série foi assistida por um cético ator de cinema e sua companheira. Surpreendentemente, a moça tinha razoáveis noções sobre o assunto, a despeito de lapsos em conceitos e noções absolutamente falsos. O ator saiu convencido da realidade do fenômeno e, para surpresa geral, na entrevista que concedeu à televisão, daí a alguns dias, para promover um filme, narrou a um público enorme a sessão da qual participara, contando com as minúcias possíveis a história de Zena, Beth, do capitão Higgins e da menina Rosamond, ouvida com o mais agudo interesse, aliás.

Na sessão seguinte, Beth, indignada, apossou-se de François, que se tornou impossível de ser contido, enquanto gritava horrores para Arnold. No meio desse tumulto, desprendeu-se o pesado candelabro de ferro, batendo sobre a mesa e, por um triz, não fez vítimas fatais. O pânico foi assustador. Beth estava revoltada porque sua história escusa fora contada em público a milhões de pessoas. O pobre François teve razões de sobra para fortalecer sua crença nos demônios: "apagou" por completo, custando a voltar a si. No dia seguinte, descansado e tranquilo, de nada se lembrava. Os outros também gostariam que isso fosse apenas um sonho mau, pois aquilo *não podia* ter acontecido; no entanto, lá estava o candelabro amarrotado sobre a mesa das sessões.

Finalmente, houve breve sessão com Zena, então agradecida aos amigos que acabavam (involuntariamente, por certo) de libertá-la, com a divulgação da história verdadeira, conseguira emancipar-se da nefasta influência de

A perigosa brincadeira do copo

sua irmã Beth e do amigo desta, o temido capitão Higgins. Disse ainda que trazia de sua sepultura — no fundo do mar — um presente para os seus amigos. Ninguém entendeu essa parte da mensagem, até ser vista sobre a mesinha de centro uma pequena e viva estrela-do-mar, da qual ainda escorria um pouco d'água. Perplexos, mais uma vez, entreolharam-se sem dizer palavra.

Terminara a aventura daquele verão mediúnico. E até que relativamente bem, sem grandes prejuízos materiais e morais para as pessoas envolvidas. Na verdade, o saldo foi bem positivo, porque a possibilidade da vida após a morte passou a ocupar importante posição no pensamento de cada um, mas os riscos foram exagerados e desnecessários, em vista da desoladora ignorância dos participantes em tão sério cometimento. Se mesmo armado de sólidas noções acerca dos mecanismos que regulam a vida póstuma é arriscado o trato com Espíritos desatinados, imagine-se o perigo que corre aquele que se atira nessa aventura totalmente despreparado.

A palavra final de Arnold Copper é a de que não mais voltou — nem jamais voltaria — a entrar em contato com o mundo espiritual.

Também não é assim. Os Espíritos desencarnados — mesmos os mais empedernidos no mal — não são demônios que temos de evitar a todo custo. Se assim fosse, o trabalho de desobsessão ou doutrinação seria impraticável ou pelo menos desaconselhável. Ao contrário, é necessário, tremendamente necessário e até urgente, porque esses companheiros são irmãos que sofrem desesperos inauditos por séculos, às vezes, à espera de compreensão e esclarecimento libertador. É claro, porém, que o trato com esses companheiros exige longo preparo e certas condições mínimas naqueles que se dispõem a assisti-los. A formação doutrinária é condição *sine qua non*, e o trabalho digno só pode ser feito sob a proteção da prece e os cuidados da vigilância. Caso contrário, tudo se reduz a mero convite a obsessões tenazes, que ninguém sabe onde e quando terminarão.

8

BRIDEY MURPHY: UMA REAVALIAÇÃO

Há algum tempo Morey Bernstein vinha fazendo experimentações com a hipnose. Não que fosse um especialista no assunto: era um empresário de certo porte em Pueblo, Colorado, nos Estados Unidos, e tinha a hipnose como espécie de *hobby*, que considerava a sério, sem exibicionismo, se bem que conhecendo mais acerca da sua metodologia do que de suas implicações espirituais. Para a noite de 29 de novembro de 1952, planejara uma experiência diferente, que ainda não havia tentado. Descobrira, na véspera, numa reunião social no clube que frequentava, que Ruth Simmons, a jovem esposa de seu amigo Rex, oferecia excelentes condições para a hipnose profunda. Bernstein nunca fora além da fase infantil com os seus sensitivos.[9] Sem muito questionar o problema, não lhe ocorria

---

[9] Prefiro a palavra *sensitivo*, dado que a faculdade de alcançar os estados profundos da hipnose me parece uma sensibilidade do tipo mediúnico, que a palavra

que alguém pudesse ter vivido *antes* de nascer. Mas quem sabe? Não custava experimentar...

À hora combinada, Ruth chegou a sua casa, em companhia do marido. Era um casal simpático, extremamente popular, interessado em diversões sadias e descontraídas. Rex era corretor de seguros. E dos bons. Na realidade, não estavam muito interessados naquela história de hipnose, haviam concordado em atenção ao amigo Bernstein e provavelmente por causa de uma pitadinha de curiosidade. Rex e Ruth Simmons são pseudônimos; o casal detesta publicidade e deseja — até hoje — manter-se no anonimato.

Às 10h35 da noite, após o que Bernstein classifica como "cortês intervalo de conversação", a experiência começou. Ruth foi facilmente levada ao transe profundo e pouco a pouco regredida à infância, até a idade de um ano. Depois disso, Bernstein sugeriu — com esperança, mas sem muita

---

francesa *"sujet"*, usualmente empregada, está longe de caracterizar com propriedade. As narrativas produzidas em estado de transe hipnótico ou magnético são, a meu ver, devidas a um fenômeno anímico, ou seja, uma comunicação ou relato do próprio espírito (encarnado) da pessoa em transe que, em vista do desdobramento, tem acesso à memória integral.

Enquanto isso, a palavra *"sujet"*, ou a sua tradução literal "sujeito", como muitos adotam, traz na sua estrutura semântica (posto debaixo) conotação incompatível com o que se observa no desenrolar da experiência de regressão de memória, na qual, ao contrário de estar cativo, sujeito, obrigado, constrangido (ver *Novo dicionário da língua portuguesa*, de Aurélio Buarque de Holanda Ferreira), o sensitivo apresenta-se lúcido, seguro da sua vontade e consciente do que lhe convém ou não dizer e fazer.

A opção pelo termo *sensitivo* é também apoiada pela conveniência de distinguir, mas não dissociar, esse tipo de faculdade ou fenômeno da sensibilidade mediúnica habitual que diz respeito à comunicação originada por Espíritos desencarnados.

Em suma, o sensitivo sob hipnose profunda é o médium de seu próprio espírito.

convicção — que ela continuasse a recuar no tempo e falasse das cenas que lhe viessem à mente. Segundos depois estava ele falando com uma menina irlandesa do século XIX por nome Bridey Murphy, que acabava de dar vazão às suas frustrações: em consequência de um castigo corporal acabara de arranhar com as unhas o esmalte da sua cama de ferro recentemente pintada.

Começava ali, naquele momento, a desenrolar-se a história da obscura mulher irlandesa, que suscitaria inesperado interesse público e acirradas controvérsias ao longo dos anos. Morey Bernstein realizou ao todo seis sessões com a relutante Ruth Simmons, entre 29 de novembro de 1952 e 1º de outubro de 1953. A primeira edição de seu livro *The Search for Bridey Murphy* foi lançada em 1º de janeiro de 1956, embora um resumo do caso tenha sido publicado pelo *Empire Magazine*, numa série de três artigos (em 12, 19 e 26 de setembro de 1954) escritos pelo jornalista William J. Barker.

O interesse suscitado pelos artigos foi enorme, mas o livro provocou o que se poderia chamar de verdadeiro furor. Não menor foi a celeuma que suscitou, em virtude de apaixonadas contestações oriundas dos mais inesperados setores. Uniam-se no ataque maciço contra o *adversário* comum, segmentos importantes da imprensa, da Medicina e da Religião, além dos habituais desajustados de toda sorte. Era preciso desmoralizar com urgência e esmagar de uma vez para sempre aquela inaceitável loucura da reencarnação. Todo mundo sabe que a gente vive uma só vida. A divergência está apenas em conceituar o que ocorre depois da morte. Alguns acham que tudo se acaba; outros pensam que a gente sobrevive de alguma forma vaga, que ainda não foi demonstrada, enquanto outros mais estão certos de que vamos todos para uma das três possíveis destinações póstumas: Céu, inferno ou purgatório. Esse o esquema básico que, com algumas variações de somenos importância, tem servido à maioria por milênios e milênios. E agora vinha um indivíduo por nome Bernstein dizer que a gente vive outras vidas... Mal decorridas duas semanas do lançamento do livro, o jornal *Daily News*, de Chicago, despachou para a Irlanda seu correspondente em Londres, por nome Ernie Hill. Este repórter percorreu apressadamente cerca de 425 quilômetros entre Cork, Dublin e Belfast. Por mais competente que fosse ele, seu trabalho ressentiu-se da escassez de tempo, pois ele dispunha de apenas três dias para a coleta do material. Seu relato — como era de esperar-se — foi inteiramente negativo.

A essa altura, o *Post*, de Denver, decidiu enviar o jornalista William J. Barker à Irlanda, com uma dotação maior de tempo, a fim de examinar com mais vagar e imparcialidade o que havia realmente atrás da celeuma levantada pelo caso Bridey Murphy. Foi a única investigação realmente substancial realizada até hoje sobre o assunto. Seu texto — de 19.000 palavras — foi publicado em 11 de março de 1956, sob o título "A verdade sobre Bridey Murphy", num suplemento de doze páginas.

Barker não tomou posição preconcebida sobre o caso, nem contra, nem a favor. Seu trabalho é quase um diário, contando minuciosamente o que havia apurado em consulta a fontes documentais e a especialistas locais sobre os diversos aspectos da questão: geografia, história, costumes, tradições, linguística. Embora ele tenha deixado as conclusões a cargo do leitor, é evidente que seu trabalho incomodou muita gente. Artigos tendenciosos sobre o caso Bridey Murphy começaram a aparecer por toda parte, invocando "fatos desconhecidos" do grande público e emitindo *opiniões*, em lugar de trabalhar sobre *informações* concretas e comprovadas. Nesse engano, observa Barker, incorreu até mesmo uma revista do porte e do gabarito de *Life*.

"Era vital em certos setores" — escreveria Barker mais tarde — "destruir Bridey, porque Bridey simbolizava a reencarnação. E a reencarnação, na maior parte do nosso dogmático mundo ocidental, é — para usar uma velha e odiosa palavra da Inquisição — anátema."

De onde partiam os mais virulentos ataques? Alguns psiquiatras (não todos, lembra Barker) e alguns psicólogos (com brilhantes exceções) não acreditam em nenhuma espécie de vida póstuma, quanto mais em vida anterior! E havia também os chamados "religiosos" de várias denominações, para os quais ainda prevalecem os dogmatismos da Idade Média. Por incrível que pareça, vociferavam também grupos intitulados "espíritas" ou, mais precisamente, "espiritualistas" que, no dizer de Barker, eram "violentamente anti-Bridey". Finalmente, o alarido vinha ainda de seus próprios colegas de imprensa, rádio e televisão, para os quais "um bom desmentido" *vende* tanto quanto a reportagem original.

Essa fúria toda seria ridícula se não fosse tão lamentável. Afinal de contas, por que tanta gente de ânimo acirrado contra o caso Bridey Murphy? Seria a reencarnação uma ideia tão perniciosa que fosse preciso mobilizar todo o poderio dos meios de comunicação contra ela? Ao que parece, o espantalho da reencarnação estaria a exigir até o recurso da mentira, da meia verdade, do rancor. Esse articulado movimento de opinião mereceria por si só um estudo sociológico, em que entrasse uma boa dose de psicologia das multidões, a fim de ser possível descer às raízes do fenômeno. A nós, espíritas praticantes e convictos dos postulados da Doutrina, ocorre-nos uma reação de espanto, de perplexidade, quase de incompreensão. Ela é, porém, explicável e admissível. Nem todos os que aceitam a doutrina da reencarnação, e fazem dela o que costumo chamar de elemento ordenador de sua filosofia de vida, se dão conta da tremenda força dessa ideia. Uma vez admitida a reencarnação, desmorona-se inapelavelmente todo um elaborado edifício de dogmas, tanto religiosos como científicos, de crenças irracionais e de sofisticadas descrenças. Não é preciso argumentar indefinidamente com um descrente para convencê-lo; se for suscetível de ser hipnotizado ou magnetizado, ele próprio falará de suas vidas anteriores com a maior naturalidade e convicção. Por outro lado, demonstrada a reencarnação, a prova da sobrevivência do espírito à morte física baixa na escala de prioridades, porque se o espírito *antevive* (que o leitor desculpe o neologismo) é porque *sobrevive*.

A reencarnação é hoje um fato que a pessoa razoavelmente bem informada não pode recusar sumariamente sem exame. Primeiro, falaram dela remotos místicos egípcios e hindus. Muitos escritores, poetas, filósofos e artistas a admitiram. Há pouco mais de um século, os espíritas tomaram a palavra para falar dela e demonstrar a sua necessidade filosófico-religiosa para explicar certos enigmas da vida. De anos mais recentes para cá, médicos e cientistas, como o Dr. Ian Stevenson ou o Dr. Banerjee, começaram a catalogar casos de lembranças espontâneas em crianças, enquanto psiquiatras e psicólogos, como o Dr. Denys Kelsey ou a Dra. Edith Fiore, passaram a tratar de distúrbios emocionais pesquisando os traumas em existências pregressas.

De tal forma cresceu o acervo de casos documentados que, embora ignorar a reencarnação seja direito de quem assim o desejar, negá-la aprioristicamente passou a ser, no mínimo, para usar uma palavra mais benigna, sintoma evidente de desinformação.

Seja como for, porém, para os que integram a multidão dos negadores, por conveniência, acomodação ou convicção bem-intencionada, a realidade da reencarnação cria insuportáveis impactos, desarruma todo um universo íntimo, onde cada coisa tem um lugarzinho certo, onde tudo está automatizado, onde, enfim, a criatura está desobrigada do incômodo de pensar (tudo já foi pensado por ela) e livre de preocupações, temores e responsabilidades, desde que cumpra determinados rituais ou simplesmente ignore até a existência de Deus. É muito mais fácil negar certas realidades do que assumi-las (no sentido moderno da palavra) e arcar com as consequências de nossos atos. Reencarnação implica ação e reação, falta e correção, abuso e reparação, tanto quanto a remuneração do bem com a paz, do amor com a felicidade.

•

Estas reflexões, que já se estendem um pouco além do que havia desejado, resultam da releitura do livro de Bernstein recentemente republicado com o texto original acrescido de uma introdução, anexos e dois capítulos (19 e 20) escritos pelo repórter William J. Barker.[10]

Não me parece necessário estender-me aqui com a narrativa do caso em suas minúcias, porque o livro, já há muito traduzido para o português, foi amplamente divulgado no Brasil. Contentemo-nos com um breve resumo de sua história, a fim de podermos examinar outros aspectos

---

[10] *The Search for Bridey Murphy*, Morey Bernstein. Doubleday e Pocket Books, 1978.

do novo livro de Bernstein/Barker.

•

Bridey Murphy, ou seja, Bridget Kathleen Murphy (Bridey é apelido), nasceu, segundo relato de Ruth Simmons, em 20 de dezembro de 1798, na pequena cidade de Cork, na Irlanda, e morreu em 1864, aos 66 anos com algumas fraturas resultantes de uma queda na escadaria de sua casa em Belfast. Seu irmão, Duncan Blaine Murphy, era dois anos mais velho que ela. Outro irmão morreu aos quatro anos de "algo negro" (peste?). Bridey morava numa região chamada *The Meadows*, um tanto afastada do centro da vila. Casou-se em 1818, com 20 anos, portanto, com Brian MacCarthy, em Cork, mas foi viver em Belfast. Não tiveram filhos. Bridey afirma que tanto seu pai como seu marido eram *barristers*, ou seja, advogados, acrescentando mesmo que Brian havia sido professor na Universidade de Belfast, mas suspeita-se de que Bridey, por meio de Ruth em transe hipnótico, tenha exagerado um pouco para o lado esnobe a posição social de sua família. É mais provável que seu marido tenha sido uma espécie de trabalhador burocrático da Universidade, e não professor. Quanto a mim, tenho dúvidas acerca desta suposição. Entre os casos de meu conhecimento direto ou indireto no campo da regressão de memória, não tenho notícia de um só no qual o sensitivo haja mentido deliberadamente para embelezar ou glamorizar a sua história, embora isto seja admissível.

Embora o relato dessas pesquisas tenha causado tamanho impacto na opinião pública — um milhão de exemplares do livro foram vendidos somente nos Estados Unidos — e suscitado considerável interesse e debates nem sempre serenos e honestos, Morey Bernstein admite não haver re-

Bridey Murphy: uma reavaliação

tirado tudo quanto podia dos diálogos com Ruth/Bridey, em virtude de sua inexperiência com o assunto. Conforme já observamos, ele dominava bem a técnica da hipnose, mas não tinha preparo suficiente para explorar, em todas as implicações, o conteúdo da memória integral de Ruth Simmons. Ao decidir fazer com ela uma tentativa de regressão pré-natal, Bernstein não estava pensando em reencarnação, que era apenas um vago (e rejeitado) conceito em sua mente; ele agia movido por mera curiosidade, para observar o que ela diria.

Além do mais, nem Ruth nem o marido estavam interessados naquilo e, uma vez extinta a excitação inicial com a novidade das revelações, não tinham desejo algum de prosseguir aprofundando a busca.

Por tudo isso, a pesquisa apresenta "pontas" soltas que deixaram de ser adequadamente exploradas, bem como aspectos importantes que permaneceram obscuros ou informações fragmentárias que criaram enigmas. Estas falhas foram, em grande parte, responsáveis por algumas das mais importantes dificuldades posteriores na comprovação histórica da personalidade de Bridey Murphy. De qualquer forma, não seria fácil documentar a existência de uma obscura senhora no século passado numa pequena vila irlandesa, mas a abundância de informações certamente ofereceria melhores condições de confirmação.

A oportunidade era também excelente para uma ampliação da pesquisa, na qual se procurasse colher material de várias existências para montagem de um painel, no qual ficaria demonstrada a movimentação do carma de maneira racional e convincente. Isto, por certo, não teria feito calar os céticos e negadores contumazes, mas a pesquisa seria infinitamente mais rica. Em certa ocasião, por exemplo, a moça em transe se refere a uma existência curtíssima em

New Amsterdam (nome primitivo da atual Nova Iorque). Ela teria morrido ainda infante, de uma doença grave, cujos sofrimentos reviveu sob hipnose. Bernstein retirou-a imediatamente do episódio, pois é um experimentador muito cauteloso e orientado por seguro senso ético. Poderia, no entanto, remover a sensação de mal-estar e prosseguir regredindo ou progredindo a sensitiva.

Vejamos mais uma dessas "pontas" abandonadas e que certamente levariam a preciosos filões. Na sexta e última sessão, em 1º de outubro de 1953, Ruth, já em transe, pergunta ao hipnotizador:

— Quem é você?

Era a primeira vez que ela perguntava. Tomado de surpresa, ele se lembra da recomendação de que, em situações semelhantes, acham alguns que o hipnotizador deve "projetar-se na situação", assumindo uma identidade qualquer para reduzir "a possível confusão para o paciente".

Minha experiência não é absolutamente essa. Tais perguntas indicam que o hipnotizador suscita uma vaga e ainda não localizada familiaridade no espírito sensitivo em transe. Para ser mais específico: o sensitivo identifica entre eles alguma forma de relacionamento anterior. Aliás, é o que se infere com toda clareza do diálogo que prossegue.

Bernstein dá uma resposta inócua:

— Sou seu amigo.

E a moça em transe comenta:

— Já viajamos antes.

— Via...? Já viajamos antes? — pergunta ele aturdido.

Ela confirma. Ele não tem a menor ideia do conteúdo e significado do que ela acaba de revelar. Perdeu-se a oportunidade de identificar-se uma existência anterior de Bernstein, na qual ele teria conhecido Ruth Simmons, seja sob a personalidade de Bridey Murphy ou outra qualquer.

Ele não explora a "deixa". Comenta. "Muito bem. Agora você pode me dizer quando você se casou?"

Nessa mesma sessão (a última), outra "ponta" ficou perdida. Bernstein pergunta como eram iluminadas as ruas de Belfast naquela época. Bridey fica algo atrapalhada, pois não sabe ao certo como funciona a coisa. Sugeriu que ele perguntasse a Brian, seu marido, pois isso não era coisa para mulher. O que ela sabia é que havia uns postes com luz. Alguém a acendia e ela ficava lá, queimando...

— Não sei disso.

E conclui de maneira misteriosa:

— Vou perguntar...

Bernstein especula entre parênteses sobre essa estranha afirmativa. Perguntar a quem? E mais uma oportunidade se esvai de obter informação que lhe seria preciosa. Bastaria perguntar e ela explicaria o que queria dizer com aquilo e com quem iria buscar o esclarecimento que lhe faltava. Geralmente, em tais situações, o ser desdobrado pela hipnose ou pelo magnetismo tem acesso a companheiros espirituais que acompanham os trabalhos, visíveis ou não ao sensitivo em transe.

•

Talvez por essas e outras razões, a revelação da existência de Bridey Murphy não foi muito convincente para a própria Ruth Simmons.

— Sei que existe algo nessa história de Bridey Murphy — disse ela —, mas de nenhuma forma afetou meu modo de pensar nesta existência.

A frase é significativa porque nos assegura que a Sra. Simmons aceitou a ideia da reencarnação em si mesma, ao referir-se à sua existência *atual*, mas também porque na posse desse conhecimento não sentiu necessidade de fazer uma revisão nas suas ideias.

Seus interesses culturais e emocionais são outros. Quanto ao marido, a certa altura das experiências se revela algo preocupado com a situação.

— Olha — diz ele a Bernstein —, o que eu quero é vender seguro e ser um sujeito normal; não desejo ser tachado de biruta ou excêntrico.

Era, pois, com muita relutância que Ruth e o marido concordavam com as sessões. Não era segredo para ninguém que eles rejeitavam qualquer envolvimento maior com o "caso" Bridey Murphy e mesmo depois que as luzes da publicidade foram focalizadas sobre o assunto, houve o máximo cuidado em se manterem no anonimato suas verdadeiras personalidades e identidade social. Parece mesmo que, passada a fase das sessões, queriam mesmo esquecer o episódio para sempre a fim de não serem importunados. Por um lado, essa atitude foi positiva, porque deixou bem claro que não fizeram aquilo por publicidade, dinheiro ou fama. Aliás, Bernstein também dispõe de amplos recursos e mesmo a revista *Life*, embora criticando e procurando demolir a sua pesquisa, escreveu que ele era "um empresário de impecável reputação e honestidade".

Com isso, porém, tornou-se impraticável elucidar certos aspectos obscuros da história de Bridey Murphy e que somente Ruth Simmons *em transe* poderia esclarecer, acrescentando pormenores verificáveis, aparentemente triviais, mas de grande valor testemunhal.

Quando certas dúvidas nesse sentido surgiram e se tornou imperiosa a necessidade de informações adicionais da parte de Bridey Murphy, Ruth Simmons já decidira fechar inapelavelmente a janela de comunicação com a senhora irlandesa do século XIX.

A despeito de todas essas dificuldades, porém, e das perguntas que ficaram sem resposta, bem como das críticas tendenciosas e mal substanciadas, o repórter William J. Barker conseguiu reunir informações confiáveis suficientes para desmentir os desmentidos.

Havia, de fato, em Belfast, uma empresa que produzia cordas e outra que manufaturava artigos para fumantes, como Bridey dissera. Termos arcaicos que ela empregara também foram reconhecidos por especialistas. O jornalzinho que ela mencionara, o *News Letter*, de Belfast, também existiu, bem como as lojas que ela indicou. Outros fatos, que pareciam anacrônicos à primeira vista, foram verificados exatos, como a existência de camas de ferro na Irlanda quando Bridey era uma garota ou a do curso de Direito na Universidade local.

Era de ver-se, porém, a aparente segurança com que opiniões e preconceitos figuravam nos ataques em lugar de fatos verificados ou verificáveis. Tudo era considerado válido desde que desmentisse a funesta e lamentável doutrina da reencarnação.

A dificuldade em documentar a história de Bridey Murphy era considerável. Primeiro porque não se tratava de uma personalidade conhecida e famosa que houvesse deixado atrás de si registros históricos de confiança. Segundo porque havia como que uma conspiração de silêncio e má vontade para que a exígua safra de elementos de suporte para a sua história não viesse a conhecimento público senão vencendo tenaz oposição de certos círculos formadores da opinião pública. Barker informa no texto que escreveu para o livro de Bernstein que "[...] não encontrei um só irlandês que estivesse disposto a crer que a memória de Bridey fosse possível. Convicções religiosas (particularmente fortes naquele país, norte ou sul) eram uma barreira contra uma abordagem sem preconceitos à ideia de uma mulher ter vivido mais de uma vez".

Outras pessoas, ainda que corteses e prestando informações valiosas, demonstravam invencível temor de se "envolverem" no caso, como se fosse algo criminoso ou censurável. Vejamos um caso destes.

Em lugar de usar o verbo moderno *to bury* para descrever o seu enterro, Bridey dizia que seu corpo foi *ditched*. Não se conseguia provar, de início, que esse era o termo empregado naquela época na Irlanda. Até que uma senhora residente em Elmira, no estado de Nova Iorque, escreveu para dizer que seu avô Kelly usara o mesmo verbo arcaico de Bridey para dizer que na Irlanda as pessoas eram enterradas (*ditched*) umas sobre as outras. O horror da menina, que havia feito uma pergunta inocente, serviu para gravar para sempre na sua memória o estranho verbo. Volvidos tantos anos, ela prestava a informação de bom grado, mas com uma condição:

— Não quero me envolver nesse negócio da Bridey...

A maioria, porém, era hostilmente negativa. Da mesma forma que no passado afirmava-se com total convicção e dogmatismo que a Terra era o centro do Universo ou que meteoritos não podiam cair do céu porque no céu não havia pedras, a atitude mais comum era de que ninguém pode viver senão uma vida... e ponto final!

Lamentável isso tudo, porquanto Bernstein alimentara a honesta e ingênua esperança de que "os círculos acadêmicos se tornassem interessados nesse trabalho". Ao escrever essas palavras, seu otimismo já se consumira nos embates da decepção. Faltou honestidade nas pesquisas, empreendidas aprioristicamente com o objetivo de desmoralizar a qualquer preço ou, no mínimo, tumultuar os fatos de forma a criar a imagem de um caso suspeito e indigno da atenção de pessoas sérias.

Quem se dedicar com atenção (e isenção) ao estudo dos relatos, não terá dúvidas em autenticar a realidade do caso Bridey Murphy, mas no espírito do público em geral, entre aqueles que mal examinam as manchetes escandalosas, Bridey Murphy acabou ficando como exemplo de engodo, armado por um grupo de gente mais ou menos inescrupulosa para ganhar dinheiro e prestígio.

— Ah! sim... — dizem ainda hoje os mal informados.
— Aquilo ficou provado que era uma "tapeação", ou coisa parecida, não é mesmo?

Ao contrário, ninguém conseguiu destruir o conjunto de evidências apresentado por Bridey Murphy, ainda que alguns desses elementos não tenha sido possível documentar, como nomes de pessoas, localidades ou fatos obscuros e inverificáveis. O mais foi tudo levantado cuidadosamente, como suas expressões arcaicas, referências literárias e geográficas, costumes, danças e canções folclóricas etc.

A imprensa, porém, não desistia, insistindo em fazer "revelações" que "explicam tudo". O conhecimento (notável) que Ruth Simmons em transe demonstrara da Irlanda do século XIX *era fácil de ser explicado*: segundo o *American* de Chicago, ela vivera por algum tempo com a sua tia Marie Burns, "que era tão irlandesa como os lagos de Kilkenny". Seria algo extraordinário que a tia Marie houvesse conseguido transmitir tanta informação à sobrinha e que Ruth a houvesse retido com tamanha precisão e detalhamento. A questão, porém, é que a tia Marie nascera em Nova Iorque, nos Estados Unidos, e viveu a maior parte de sua vida em Chicago. Além do mais, não há lagos em Kilkenny...

Quanto ao irmão que Bridey dissera ter morrido ainda infante de uma espécie de "peste negra", o jornal "descobrira" que na vida atual Ruth tivera um irmãozinho, nascido morto em 29 de outubro de 1927. Observem o detalhe da data e o comentário de Ruth Simmons:

— Até que o jornal de Chicago publicasse a informação, nunca ouvira eu falar que tive um irmão. É duro demais de acreditar.

Versões posteriormente publicadas desses "fatos" excluíam o irmão inexistente de Ruth. Provavelmente o próprio jornal admitiu que era "demais"...

Seja como for, "Bridey estava certíssima em pelo menos duas dúzias de fatos que Ruth simplesmente não poderia ter conhecido neste país (Estados Unidos)" — escreve Barker —, "mesmo que ela se dispusesse deliberadamente a estudar as obscuridades irlandesas e certamente esses dados não foram transmitidos a uma jovem de 18 anos, nascida em Chicago, ao ouvir supostamente uma pessoa nascida em Nova Iorque que nunca esteve na Irlanda".

Por algum tempo, por exemplo, não se conseguiu confirmar a existência de uma pequena moeda de dois pence a que Bridey se referira incidentalmente. Verificou-se, depois, por colecionadores especializados em moedas britânicas, que entre 1797 e 1850 circulou realmente a desconhecida moedinha de *tuppence*. É nesses pormenores aparentemente triviais que se apoia um corpo de evidência indestrutível, mas quando se deseja demolir, inventa-se, mistifica-se, mente-se com a mais deslavada desinibição.

Outro exemplo? Certo F. L. Marcuse escreveu no jornal *Report* o seguinte:

"Bernstein alega sucesso rápido e infalível no uso da hipnose para toda e qualquer finalidade curativa."

Totalmente falso. Bernstein escreveu exatamente o contrário:

"Hipnotismo não é panaceia."

É o que consta do texto que faz acrescentar ao livro como Anexo C.

Uma psiquiatra — Margaretta K. Bowers — publicou um estudo para "explicar" o fenômeno. Na sua opinião, Bernstein tinha uma preocupação com a morte e uma ânsia de onipotência "que poderia ser considerada como resultante de seu senso de fraqueza em relação à figura do pai em sua vida etc.". Seria essa a motivação de suas experiências.

Em nota de rodapé, a Dra. Bowers informava que alguém escrevera o trabalho para ela, e que uma terceira pessoa ajudara a preparar o material. Na realidade, ela própria deixou claro que nem sequer lera o livro de Bernstein!

Para o Dr. Milton V. Kline, o relato de Bernstein constituía "o quadro mais revelador de múltipla personalidade"...

Quando a identidade real de Ruth Simmons e de Rex vazou por meio de alguma indiscrição, o casal foi atormentado por ameaças de religiosos lunáticos e montes de cartas. Eles se recusaram sistematicamente a explorar comercialmente o episódio e permaneceram irredutíveis quanto às propostas de Bernstein para algumas sessões a mais, a fim de esclarecer certos aspectos, agora que ele sabia onde estavam as obscuridades mais críticas a esclarecer.

É uma pena. Sem dúvida, porém, qualquer reavaliação honesta da celeuma e da controvérsia suscitada pelo caso Bridey Murphy não poderá deixar de confirmar a realidade da reencarnação. Volvidos os anos de "desmentidos" e abusos contra o livro, verifica-se que o trabalho resistiu bem, apoiado nos fatos que constituem suas bases. Depois dele, outros estudos sobre a regressão da memória apareceram por toda parte, com maior ou menor impacto e acervo de informações documentadas. O de Bernstein teve o mérito do pioneirismo em termos de nossa época, de vez que trabalhos como os de Albert de Rochas jazem esquecidos e abandonados há mais de meio século. Sem dúvida alguma, Bernstein colocou a reencarnação nas manchetes. Se o *establishment* a rejeitou maciçamente, a culpa não é dele — trata-se de foro íntimo de cada um, onde impera soberano, mas não absoluto, o livre-arbítrio individual. Um dia, aquele que não quis optar livremente pela verdade que lhe foi oferecida se verá compelido pela sua força irresistível a admiti-la. Nesse ponto, uma faixa maior ou menor de tempo terá sido perdida para sempre, mas que é o tempo senão outro *sempre* que nem sempre compreendemos? Deus é um ser paciente e amigo de todas as suas criaturas. Do contrário, não criaria a eternidade para que jamais nos falte tempo para cicatrizar as chagas das nossas vaidades e mazelas outras.

9

O MITO DO MATERIALISMO

Há cerca de dez anos as jornalistas Sheila Ostrander e Lynn Schroeder conseguiram, por meio de umas tantas frestas na chamada Cortina de Ferro, dar uma espiada no que se estava realizando em termos de pesquisa psíquica em alguns países socialistas. O livro que escreveram sob o título *Psychic Discoveries Behing the Iron Curtain* foi publicado em maio de 1970 pela Prentice-Hall com sucesso instantâneo, que logo se confirmou pelo mundo todo em várias traduções.

Volvidos os anos, dois outros jornalistas, Henry Gris e William Dick, dedicando-se apenas à União Soviética, retraçaram, em parte, os caminhos percorridos pelas colegas, exploraram território novo e atualizaram informações e dados. Inesperadamente, porém, as autoridades soviéticas foram nesta oportunidade desconcertantemente liberais em vez de apenas tolerar que os jornalistas ocidentais espiassem pelas escassas frestas, resolveram correr a cortina para que vissem praticamente tudo quanto desejassem, incansavelmente assistidos pela Novosti, a agência noticiosa russa. O resultado dessa ampla abertura foi a série de artigos publicados inicialmente pelo jornal americano *National Enquirer* e reunidos depois em livro, sob o título *The New Soviet Psychic Discoveries* (*As novas descobertas psíquicas soviéticas*), pela Prentice-Hall.

A edição de que me valho para estes comentários é a da Warner Books, Nova Iorque, março de 1979. Consta de 448 páginas de tipo cerrado, além de mais de meia centena de fotos fora do texto.

Foi extenso o terreno coberto pelos dois excelentes jornalistas e algumas conclusões importantes — que analisaremos mais adiante — ressaltam do competente levantamento realizado. Fizeram seis viagens à União Soviética no período de 1972 a 1977 e colheram 62 entrevistas com os mais destacados cientistas, muitos dos quais pela primeira vez falaram a jornalistas ocidentais e até mesmo aos soviéticos. O livro não deixa dúvidas de que as autoridades russas consideram certos aspectos das pesquisas parapsicológicas como assunto da maior importância, ou não continuariam através dos anos a locar consideráveis recursos materiais e humanos a essa área da Ciência.

A atitude oficial é mais reservada em relação a outros aspectos e francamente hostil a alguns setores, certamente em função do grau de atrito com a filosofia do poder. É igualmente certo que as autoridades governamentais estão compreensivelmente mais interessadas em obter dividendos políticos de tais pesquisas do que em promover a consolidação dos conceitos espirituais da vida. Teremos oportunidade de evidenciar divergências e até mesmo conflitos entre os que têm nas mãos as terminais do poder e cientistas que reagem como podem à ideia de um trabalho francamente engajado, sob pressão de interesses, ambições e pre-

O mito do materialismo

conceitos do sistema dentro do qual operam.

Essa observação, que não pretende ter a conotação de uma crítica, não retira o mérito dos notáveis pesquisadores soviéticos mais ajustados ao ideário do regime por convicção, acomodação ou conveniência, nem reduz a tremenda importância do trabalho que estão realizando em termos de ciência. Por outro lado, o livro de Gris e Dick é um primor de jornalismo objetivo, realista, imparcial. Se aqui e ali o leitor percebe lances de novela de capa e espada é porque algumas entrevistas (raras) foram mesmo realizadas numa atmosfera de clandestinidade, aventura e mistério com certos cientistas em desgraça, como, para citar um exemplo mais dramático, no caso de Varvara Ivanova, alcunhada por um colega cientista de "Procelária". (Para quem não se lembre da palavra, convém explicar que são chamadas procelárias certas aves palmípedes que aparecem em bandos a voar sobre as ondas antes das tempestades.)

•

Comecemos por Ivanova, não apenas pelo extraordinário interesse que seu trabalho nos oferece, mas também porque ilustra bem a situação que vínhamos comentando. Além disso, vamos ter que ficar limitados, por contingência de espaço, à apreciação dos aspectos mais relevantes do livro, a fim de não estender demais o artigo.

Varvara Ivanova é uma mulher fascinante, personalidade colorida, inteligência lúcida e de respeitável coragem moral para pensar e agir com independência, mesmo sob inequívocas pressões.

Já cinquentona, guarda traços de beleza e paira no seu rosto uma expressão de tranquila e determinada confiança. É formada em Filosofia, pratica a hipnose e dispõe de variadas faculdades psíquicas: cura, clarividência, telepatia, efeitos físicos. É, também, no dizer dos autores, "autoridade em reencarnação".

Não foi fácil localizá-la porque Ivanova chocou-se frontalmente com poderoso dispositivo do *establishment* representado pelo que se chama um tanto vagamente de *autoridades*. Ao que tudo indica — e este ponto deve ser logo destacado — a impetuosa Ivanova não apenas foi longe demais nas suas pesquisas, como, principalmente, na divulgação do que pensa a respeito delas.

Sua história é simples. Como excepcional linguista que é, trabalhava como intérprete no Ministério das Relações Exteriores, mas as onipresentes autoridades acharam-na demasiado desinibida ao falar sobre assuntos de natureza psíquica. Deram-lhe duas alternativas para escolher: uma antecipação da aposentadoria, mediante remuneração adequada e um pequeno apartamento para viver em paz, ou demissão sumária, sem pensão e sem apartamento. Ivanova escolheu a opção errada (para os seus interesses pessoais) e foi literalmente para a rua, vivendo hoje da benevolência e generosidade de antigos colegas que se cotizam clandestinamente para um fundo que a sustenta. Enquanto isso, continua, como pode, a pregação das suas ideias, a um passo ou dois adiante da K.G.B., vivendo uma existência nômade e insegura. No momento em que os jornalistas americanos a entrevistaram, ela estava morando de favor no apartamento de outra famosa parapsicóloga, Larissa Vilneskaya.

— Ela me preocupa — disse Viktor Adamenko aos autores — porque é a verdadeira procelária... uma mulher indomável e destemida.

Caracteristicamente, a entrevista com Ivanova não foi realizada no sossego dos gabinetes controlados, mas em plena e clandestina agitação do *rush* vespertino na Praça da Revolução, em Moscou, fora do alcance de ouvidos indiscretos e microfones invisíveis.

Os jornalistas lembram-lhe no início da conversa a observação de Aleksandr Kazantsev, escritor e historiador, segundo o qual Ivanova seria uma autêntica *Vedma*, ou seja, feiticeira. A cientista sacudiu os ombros, retrucou que Kazantsev era um bom sujeito, mas não era caso de confirmar ou não sua observação.

— Coloquemos as coisas da seguinte maneira — disse ela. — Sinto-me feliz por estar vivendo no século XX, desta vez. Em existências anteriores fui queimada duas vezes na fogueira.

Não é difícil, como se vê, depreender por que Varvara Ivanova transformou-se numa pedrinha nas botinas dos camaradas instalados nos escalões superiores da hierarquia. A essa altura da História, após cinquenta anos de maciça doutrinação materialista, Ivanova insiste em falar de reencarnação! Não é necessário ser nenhum gênio para perceber que se a gente reencarna é porque não se extingue com a "morte" e que, portanto, algo deve estar seriamente errado com as estruturas de uma sociedade construída sobre alicerces dogmaticamente materialistas.

Ivanova sabe da importância do seu trabalho. De uma forma ou de outra, ela se mantém informada sobre o que se passa no exterior. Estudou oito línguas estrangeiras e se expressa bem em seis delas, inclusive português, o que é algo surpreendente para uma cidadã soviética, mesmo do gabarito de Ivanova.

Ela se explica assim: sempre teve dificuldades com o inglês. Precisou estudá-lo durante vinte anos para dominá--lo. Quanto ao theco, dedicou-se a ele três anos, mas não consegue ler correntemente um jornal nessa língua.

— Já o português — prossegue ela —, fiquei sabendo

fluentemente após estudá-lo apenas quatro meses. Pude mesmo trabalhar como tradutora depois desse período. Amei essa língua. Dois anos depois que comecei a estudá-la, algumas pessoas do Brasil, onde falam o português, como vocês sabem, acharam que eu deveria ter vivido lá. Nunca senti que estava realmente aprendendo essa língua; foi como se a recordasse, depois de ter deixado de usá-la por vinte ou trinta anos. Mais tarde, quando comecei a trabalhar com regressões de memória, descobri que, de fato, vivi lá uma existência anterior.

Coisa semelhante aconteceu com o aprendizado de alemão. Também lá viveu ela no passado. O castelhano e o italiano ela conhece, mas não tão bem. Por quê? Porque faz muito tempo que ela andou por lá. A dificuldade com o inglês decorre, segundo ela, do fato de nunca ter vivido em países nos quais esse idioma é falado.

As sessões de regressão de memória foram realizadas não apenas para consolidar suas teorias, mas também com objetivos terapêuticos, como já estão admitindo vários pesquisadores sérios, como a psicóloga americana Dra. Edith Fiore (sobre a qual ainda falaremos em outro artigo) e como demonstrou há muitos anos o Dr. Denis Kelsey.[11] Exporemos um dos exemplos que a Dra. Ivanova reuniu. Tratava-se de um paciente que gaguejava aflitivamente. Regredido a uma existência anterior, na Espanha, o homem falou com a maior naturalidade, sem tropeços. Levado a outras existências, também falou corretamente. Ao ouvir, posteriormente, as gravações, tomou uma decisão importante — se não gaguejava no passado, por que não poderia

---

[11] Ver, a propósito, o artigo "Psiquiatria e reencarnação" no livro *Reencarnação e imortalidade*, de Hermínio C. Miranda, edição FEB.

O mito do materialismo

agora falar bem? E assim foi feito.

Ivanova, porém, não estava satisfeita porque não se revelam no diálogo com seu paciente a *causa* da gagueira. Novamente o instrumento foi a regressão, desta vez a uma remota existência no Oriente, onde ele cometeu um crime horrendo. Segue-se o arremate desse diálogo:

— Você já sofreu o suficiente pelo que fez? — pergunta a pesquisadora.

— Não — respondeu o homem com um senso de culpa na voz.

— Como é que você poderá livrar-se dessa maldição? — voltou ela a perguntar, enquanto o homem chorava.

— Só fazendo muito bem às pessoas; curando-as.

— Você fará isso nesta vida?

— Não. Somente na próxima.

Como se vê, Doutrina Espírita, da melhor. A consciência ainda atormentada pela culpa, a dor que solicita a atenção para os pontos em que falhamos, as oportunidades de resgate pelo serviço ao próximo, a força maravilhosa da caridade. Em suma: a sobrevivência do ser, a preexistência, a reencarnação, a lei de causa e efeito, o amor como terapêutica espiritual. Em tudo isso, o invariável senso de responsabilidade (que tantas vezes tenho eu próprio verificado nas minhas modestas experimentações) do espírito mergulhado no transe anímico do desdobramento que não foge à sua realidade interior, por mais terríveis que sejam as suas lembranças e os correspondentes remorsos.

Provida de amplos e variados recursos mediúnicos, Ivanova cura também pelo toque ou imposição de mãos (passe), bem como pelo telefone (ou sem ele) a longa distância, conversando com a pessoa afetada por doenças que a Medicina não consegue resolver pelos métodos habituais. Diz ela que o tratamento consiste em transmitir certa carga de "radiação bioenergética".

Rogo a paciência do leitor para falar um pouco mais da "Procelária".

Uma senhora aflita a procurara com um caso que parecia desesperador. O filho estava sofrendo "alucinações", segundo as quais seu falecido padrasto tentava destruí-lo. O garoto foi recolhido a um manicômio em Moscou e se tornou furioso — tiveram que botá-lo numa cela acolchoada para que não se ferisse nos estertores que o vitimavam.

Ivanova foi ao hospital, onde era conhecida de nome. O diagnóstico era esquizofrenia e ela propôs realizar um tratamento a distância, sob controle médico. Provavelmente a coisa pareceu suficientemente inócua aos médicos e eles concordaram.

A primeira providência de Ivanova foi "tentar comunicar-se com o Espírito do padrasto, de vez que não excluía a possibilidade de que ele estivesse agindo sobre o menino". Recolhida e concentrada, ela "falou" ao Espírito mais ou menos nos seguintes termos:

— Suponho que você esteja aborrecido com o menino por alguma coisa, mas ele está sofrendo demais. Deixe-o em paz, por favor. Ele já foi suficientemente castigado.

Dois dias depois, a mãe telefonou para dizer-lhe que há duas noites o menino não tinha mais alucinações, mas estava ainda com exaustão mental. Ivanova passou a empregar sua técnica da radiação de bioenergia a horas previamente marcadas, com a presença da mãe junto ao rapaz. Em pouco tempo ele estava bom e obteve alta.

A teoria de Ivanova a respeito desse mecanismo é esta:

— Sou de opinião que a vida é uma troca de energia com o meio ambiente. A doença é causada por uma interrupção dessa troca. A doação de bioenergia externa restabelece o fluxo.

•

Em contraste com as pressões que se criaram sobre Ivanova e das restrições que foram impostas ao seu trabalho, todos os recursos imagináveis foram colocados à disposição de um dos "monstros sagrados" da pesquisa científica soviética — a famosa e fabulosa Dra. Natalia Bekhtereva, neta do pioneiro da parapsicologia, prof. Vladimir Bekhterev. Ela dirige com indiscutível competência e charme o respeitado Instituto do Cérebro, em Leningrado, onde comanda pessoalmente o trabalho de 700 cientistas.

Acostumados à imagem habitual da mulher cientista soviética, rosto cansado, sem retoques, cabelos presos atrás da cabeça, sempre cercada de colegas pouco sorridentes em ambiente austero, os jornalistas americanos foram tomados de surpresa. A Dra. Bekhtereva recebeu-os num amplo e luxuoso gabinete revestido de painéis de madeira, tal como um executivo de importante empresa americana ou europeia. Havia até um pequeno cômodo, ao fundo, para refeições, onde não faltavam delicadas cortinas de babados. Pairava no ar uma leve fragrância. Mais impressionante ainda era a famosa cientista.

Teria pouco mais de cinquenta anos. Apresentava-se impecavelmente. Rosto maquilado, cabelos e unhas bem tratados, vestida com elegância e bom gosto. Estava sentada à sua imponente escrivaninha, "imóvel, imperiosa e algo impaciente". Seria aquele um dos raríssimos encontros sem a presença de mais ninguém a não ser a entrevistada e os jornalistas estrangeiros. Nem mesmo a infalível, simpática e eficiente Natasha Yakovleva, cicerone oficial dos americanos, entrou no santuário da eminente cientista. Os próprios autores parecem um pouco tensos, senão até mesmo intimidados pela atitude da mulher, que, aliás, lhes fala em inglês, com pesado sotaque, mas correto.

A conversa tem início, formal, algo arrastada e fria. Eles sabem que ela nutre invencível ojeriza pela Parapsicologia e evitam diplomaticamente o assunto, mas lá pelas tantas surge a pergunta indesejável. A doutora dizia que tinha duas ambições na vida: uma, dar à Ciência uma contribuição tão importante quanto a de seu famoso avô e, a outra, "não apenas codificar e decodificar as palavras registradas acusticamente pelo cérebro humano, mas gravar eletronicamente toda a vasta gama de atividade intelectual da mente humana".

Os entrevistadores lançam uma especulação: uma vez atingido esse ponto, não seria viável alimentar um cérebro de menor envergadura com as gravações de um cérebro bem-dotado?

— Isso não seria ético — responde ela prontamente, embora admita que o código de algumas palavras já haja sido injetado eletronicamente em cérebros humanos. Surge então a pergunta fatal:

— A Parapsicologia não estaria também interessada nisso, entre outras coisas?

A reação facial "à palavra que é tabu na sua presença" foi instantânea; em seguida, a reação verbal:

— Não me falem em Parapsicologia!

— Mas não foi o seu avô dos primeiros a realizar pesquisas nesse sentido?

Isso ela não pôde negar, mas justifica dizendo que Bekhterev formulou a teoria de que "os fenômenos psíquicos eram de fato de natureza realista e fisiológica. Em outras palavras, os fenômenos eram *matéria*".

Pouco adiante, mais pacificada, a Dra. Bekhtereva declarou que seria a primeira a aplaudir a Parapsicologia "se e quando a telepatia, por exemplo, fosse provada sem sombra de dúvida como meio viável de comunicação mental", o que ela duvida. Só então estaria disposta a examinar os fatos.

Seria altamente injusto, porém, concluir que o trabalho da eminente cientista fosse de importância secundária. Ela e sua equipe estão fazendo um levantamento minucioso dos registros cerebrais, localizando micrometricamente "conexões, grupamentos, interações e interdependências aos milhões" no vasto e complexo edifício formado por mais de 14 bilhões de células. (O número citado é dela.) Estão sendo identificados os terminais nervosos afetados por esta ou aquela doença e mapeados os locais em que lembranças e emoções ficam depositadas.

Naturalmente que sua abordagem às complexidades do cérebro humano é materialista e mecanicista. Ela não admitiria nem sonhando que os bilhões de células cerebrais representam a contraparte material de dispositivos infinitamente mais sutis, situados no perispírito e comandados pelo Espírito encarnado. Isso não reduz o mérito do seu trabalho e não ofusca o brilho da sua inteligência privilegiada. Sua opção pelo que chama de aspectos "realistas e fisiológicos" da pesquisa está em perfeita sintonia com as ressonâncias emitidas pelas estruturas que dão forma e conteúdo ao regime político-social dominante. Estamos igualmente convictos de que o faz por convicção, tanto quanto sabemos que ela não está tentando provar que o Espírito sobrevive ou se reencarna, nem mesmo admite que ele exista. O que ela deseja é saber como uma determinada máquina biológica chamada cérebro produz uma coisa chamada pensamento. Será por isso que o governo soviético colocou em suas mãos todo aquele vasto arsenal de recursos humanos e materiais que a outros negou? A resposta é *sim*.

— Certamente — dizem os autores do livro — não existe aparelho algum destinado a pesquisar a mente humana, em qualquer parte do mundo, que não tenha sido posto à disposição dos cientistas do complexo de edifícios localizados no número 69 do Kirow Prospect, em Leningrado.

Fora os equipamentos que eles próprios criaram e operam, sob a firme direção e o competente olhar da Dra. Natalia Bekhtereva.

•

Aqui estamos já com um alentado comentário e ainda nem tocamos as profundidades do livro de Henry Gris e William Dick. Estou consciente, no entanto, dos limites deste artigo, bem como da paciência do leitor. Prometo não falar de Boris Ermolaev, o Uri Geller soviético. ("Não faço disso um espetáculo" — disse ele — "e não ganho dinheiro com isso, como faz Geller. Ele não deveria usar seus poderes para fins comerciais. O assunto é sério.") Também não falarei de Tofik Dadashev, dono de uma tremenda clarividência, considerado o sucessor de Wolf Messing. Ou dos que se dedicam à telecinesia (Kulagina, após violenta crise cardíaca, está praticamente inativa); ou do Dr. Vasili Kasatkin, que trata seus pacientes estudando-lhes os sonhos, ou da Policlínica nº 26, onde se faz hipnoterapia infantil; nem das pesquisas no campo da dermoótica (visão através da pele, principalmente dos dedos), ou de Genady Aleksandrovich, que construiu uma pequena máquina do tempo para captar vibrações que os acontecimentos deixam "impressas" no ambiente em que ocorreram ou junto de objetos (psicometria).

Deixemos de lado também os dois Krivorotovs, pai e filho,

excelentes médiuns de cura. (Dão passes que não chamam de passes.) Não falaremos dos telepatas, nem da campanha mal-humorada que lhes moveu a prestigiosa *Gazeta Literária*, em teste evidentemente dirigido para desmoralizar a telepatia. Ao que depreende, há um receio concreto de que alguém venha mesmo a provar, à satisfação da ciência materialista, o fenômeno telepático, dado que isso desarmaria coisas importantes no contexto científico e cultural que sustenta estruturas básicas ali. Não ouvimos há pouco a doutora Bekhtereva declarar que se provassem a telepatia, ela estaria disposta a examinar os fatos? Sacrificaremos também temas paralelos, como a pesquisa de civilizações extraterrestres por meio de sofisticadíssimos observatórios astronômicos providos de dispositivos de radioescuta; ou a notícia sobre o prof. Zigel, vivendo numa espécie de zona cinzenta da Ciência por causa do seu interesse pelos discos voadores; ou os que estudam o desaparecimento do misterioso planeta "Phaeton"; ou, ainda, os que examinam o fenômeno da fantástica explosão nas estepes russas em 1908; ou os que saíram no encalço do não menos misterioso "abominável homem da neve".

Dois aspectos, porém, pela sua importância, não poderemos deixar de mencionar: primeiro, a notável entrevista com Semyon Davidovich Kirlian e, em segundo lugar, uma notícia, ainda que sumária, do trabalho do Dr. Vladimir Raikov.

•

Comecemos pelo segundo tópico, para o qual basta uma referência, porque seu trabalho veio considerado no livro anterior de Sheila Ostrander e Lynn Schroeder. Aliás, as autoras usaram a curiosa (e inadequada) expressão "reencarnação artificial" para o trabalho do Dr. Raikov. Na realidade, ele se utiliza de um método de indução hipnótica para liberar faculdades latentes na memória integral do ser encarnado. O famoso cientista revelou-se muito mais reticente com Gris e Dick do que com as duas jornalistas. Na entrevista anterior, ele mencionava livremente a palavra reencarnação.

Ao referir-se, por exemplo, a uma de suas pacientes, disse ele:

— A reencarnação levou a moça a um estado no qual ela se submete a novas leis *que têm sido pouco pesquisadas*. A elaboração dessas leis desconhecidas *constitui o objetivo de meu trabalho*. A reencarnação é importante por si mesma. Ela abre diante de nós o lado inexplorado da psique humana.

Na entrevista de agora com os jornalistas americanos, ele fez questão de desvincular-se por completo da reencarnação:

— Sei que a sua imprensa no Ocidente atribuiu-me a condição de algo como um perito em reencarnação. Sinto-me lisonjeado, mas isso não é verdade. Não é o que estou fazendo. Como vocês diriam, a reencarnação não está no meu programa e nunca estará.

Ao dizer isso, está acompanhado como em toda a entrevista, do prof. Petrovsky, ao qual atribui muito do mérito do seu trabalho. E conclui, para reafirmar:

— Espero que vocês não tenham vindo de toda essa distância para ver-me provar a reencarnação...

Que teria acontecido nesse ínterim? Algum choque com o clássico *Nyet* das autoridades ao "perigoso" assunto da reencarnação? A suposição não é de todo descabida quando nos lembramos das dificuldades de Varvara Ivanova com o mesmo assunto "indesejável".

O trabalho do Dr. Raikov consiste, pois, segundo suas palavras a Gris e Dick, não em sugerir que alguém é a reencarnação de um famoso artista ou cientista, mas em melhorar seus talentos "ao fazê-lo crer, sob hipnose, que ele é um famoso pintor, cantor, pianista ou intelectual". E mais uma vez, ele ressalva:

— Não se trata de regressão a outra vida.

Sem dúvida, a teoria fundamental do seu trabalho é válida, até certo ponto, tanto que funciona.

— Nossas experiências — diz ele — mostram que possuímos faculdades que ultrapassam de muito nosso conhecimento...

Na verdade, é isso que ocorre. É preciso lembrar, contudo, que essas faculdades, que a técnica hipnótica libera com algumas sugestões apropriadas, só poderiam existir nas profundezas do inconsciente se antes houvessem sido colocadas ali de algum modo por desenvolvimento anterior. Admitindo-se o mecanismo dos registros perispirituais e o longo curso do Espírito através de incontáveis encarnações, é fácil compreender por que dispomos de tamanho acervo de talentos. Certamente que há vidas no passado durante as quais desenvolvemos essa ou aquela faculdade na criação de obras de arte, na descoberta de segredos da matemática ou na manipulação pura e simples do pensamento filosófico. Não é simplesmente convencendo alguém de que ele foi Beethoven que a pessoa escreverá a Décima Sinfonia ou a Sonata número 33, dando prosseguimento à obra do gênio alemão.

O Dr. Raikov prefere agora dizer que induz "o pensamento de um mestre como Rachmaninoff na mente do estudante" e, sob esse impulso inicial, ele segue desenvolvendo suas faculdades, sendo capaz de "reproduzir trabalho de qualquer um como Repin, Rafael ou Rachmaninoff ou outra pessoa famosa que você deseje mencionar". O que nos parece um tanto exagerado.

•

Sem nenhum desdouro para a verdadeira elite de pesquisadores de que dispõe a União Soviética, a grande figura a destacar é a de Semyon D. Kirlian, não apenas pela inestimável importância da sua descoberta e das vastas perspectivas que ela projetou para a ciência da vida em geral, como pelos aspectos humanos da sua personalidade. Pela primeira vez podemos ter uma rápida, ainda que incompleta, visão do homem atrás do sensacional invento, bem como a pungente imagem de Valentina Kirlian, que desempenhou nas pesquisas do marido papel tão importante.

Por tudo isso, os autores do livro abrem amplos espaços para o inventor e para algumas das inúmeras aplicações que estão sendo investigadas para o "efeito Kirlian", na Medicina, por exemplo, ou na dermoótica, nos processos de cura, na agricultura e até em áreas que há pouco eram consideradas crepusculares ou marginalizadas, como a acupuntura. (A fotografia Kirlian identifica com precisão os pontos da acupuntura.)

É, pois, com certa emoção que a gente, afinal, vai ao encontro de Kirlian, ainda que por procuração, por intermédio dos dois jornalistas americanos.

A impressão que nos deixa o homem é extraordinária. A fama não o corrompeu, asseguram-nos os autores. Já um tanto idoso, Semyon Kirlian é sereno e modesto, embora seja bem consciente da importância da sua contribuição à Ciência moderna. Fala disso sem a empáfia do orgulho e sem os falsos enfeites da vaidade. Menciona o "efeito Kirlian", como se o seu nome fosse outro e nada tivesse a ver com todo o impacto que a sua descoberta causou pelo mundo afora.

No entanto, é um ser dotado de sensibilidade. Das profundezas do seu mundo interior sobem, às vezes, observações reveladoras.

No seu contato inicial com os jornalistas ocidentais

O mito do materialismo

frisou logo que ele não tinha grande importância, mas sua descoberta, sim.

— Afinal de contas — prossegue —, o mundo inteiro será beneficiado por ela.

Em seguida, com voz mais baixa, como se falasse apenas para si mesmo:

— Se apenas Valya estivesse aqui agora.

Valya é o apelido afetivo com o qual ele expressava o seu carinho à esposa, vítima virtual das experimentações, em vista da constante exposição às descargas do aparelho nos longos anos de luta anônima, desde 1939. Dizem ainda os autores que "Semyon nunca foi religioso, mas *suas experiências proporcionaram-lhe fé na vida póstuma*".

A história de sua descoberta tem sido contada e recontada e não seria necessário reproduzi-la aqui. Cabe, porém, uma referência breve à demora no reconhecimento da transcendência do invento. Somente depois que alguns cientistas de prestígio começaram a visitar o casal no seu exíguo e decadente apartamento é que o governo resolveu dar-lhes acomodações mais condignas, onde tivessem pelo menos espaço para prosseguir com as pesquisas. A essa altura, porém, a heroica Valentina estava reduzida à extrema penúria física. Até ruídos repercutiam dolorosos no seu corpo exaurido, que era uma só sensibilidade. Os campos energéticos, com que lidara durante tantos anos, destruíram-na.

E no entanto, ainda em 1974, já reconhecidos universalmente como pioneiros na fotografia do invisível, certo Vladimir Lvov escreveu num jornal de Leningrado sobre "aquele casal de desocupados lá em Krasnodar, que está desperdiçando o tempo de todos com uma perniciosa mistificação fotográfica".

É evidente a satisfação com que Kirlian fala dos inúmeros

desdobramentos práticos que estão sendo estudados para o "efeito Kirlian".

— Fotografias de tecidos cancerosos são especificamente diferentes das de outras doenças, e diferentes tipos de câncer produzem diferentes auras — diz ele.

Em Rostov-sur-Don um hospital lançou-se num empreendimento de longo curso. O projeto consiste em fotografar a aura de cem crianças nascidas em 1973 e 1974, desde o momento do parto e, daí em diante, uma vez por mês, durante cinquenta anos. Enorme acervo de preciosos dados ficará assim documentado e muitas doenças poderão ser detectadas antes de se manifestarem no corpo físico, como se sabe. Já se cogita de identificar até mesmo a primeira célula cancerosa, no momento em que ela aparecer.

Muito sugestivo, porém, é o comentário de Kirlian a essa notícia:

— Obviamente — diz ele — nem todos estaremos por aqui dentro de cinquenta anos, o que é válido para os médicos no hospital de Rostov-sur-Don. Mas estaremos todos observando *de onde estivermos*. (O grifo é meu.)

Seu trabalho, no momento da entrevista, consistia em estudar a reação do trigo aos extremos de temperatura.

— No ponto crítico — diz ele —, quando o trigo não aguenta mais o gelo, há uma explosão na aura, um grito de socorro — e, em seguida, a morte. Pode-se dizer que estou realizando testes de sobrevivência.

Nesse ponto, o Diretor do Instituto de Agronomia, onde Kirlian trabalha, tomou a palavra e iniciou uma longa e irrelevante exposição. Kirlian não falou mais. Ali ficou sentado, "parecendo ouvir, cortês, bondoso e generoso". Teria sido uma forma de cassar a palavra do bravo inventor com receio de que ele dissesse mais do que deveria? É a impressão que nos fica. Mesmo assim, ele dissera o suficiente para se depreender que ele já sabe que em algum ponto alhures irá ao encontro da sua Valya. Enquanto ele espera por aqui mesmo, continua a trabalhar pelo ideal que por muito tempo foi um sonho a dois. O próprio Kirlian entalhou duas pedras tumulares com ramos de flores locais, mostrando as respectivas auras. Uma recobre o que restou do corpo de Valentina Kirlian; a outra, aguarda o de Semyon.

•

Creio que é tempo de alinharmos algumas conclusões.

O livro de Henry Gris e William Dick termina com algumas páginas de atualização, pois a coleta de informações que realizaram se estende, como vimos, por alguns anos, em seis visitas sucessivas à União Soviética. Tão inesperadamente como se abriu para que esses dois jornalistas vissem tudo quanto quisessem (ou quase tudo), embora sob óbvio controle, a cortina cerrou novamente. E hermeticamente. Por que teriam permitido esse amplo trabalho de levantamento local por jornalistas do mundo capitalista?

Várias avenidas se abrem aqui a outras tantas especulações. O propósito seria apenas o de divulgar no exterior o *status* da pesquisa psíquica realizada intramuros? Seria para testar a reação do mundo ocidental para melhor avaliar o grau de prioridade das inúmeras frentes de trabalho? Ou estariam preocupados com indiscretas e inevitáveis revelações sobre o ser humano que é algo mais do que um mero conglomerado de células? E qual seria o valor estratégico de certos "achados"?

É difícil decidir por uma dessas ou de outras opções, e por isso o mistério permanece. É certo, porém, que, no dizer dos autores:

"Desde nossa última visita à União Soviética a Parapsicologia tornou-se matéria muito importante, ombreando com a pesquisa nuclear, as ogivas e outros segredos estratégicos."

Seja como for, em 1977 o governo soviético começou a bloquear o fluxo de informações de natureza psíquica para o Ocidente. É igualmente indubitável que as autoridades competentes promoveram o que Gris e Dick chamam de "reavaliação dos seus parapsicólogos". A que conclusões teriam chegado, não se sabe, como também seria impraticável conhecer em termos precisos qual a política e os objetivos oficiais a curto, médio e longo prazos no campo da pesquisa psíquica na Rússia de hoje. É certo, porém, que o livro nos deixa perceber com relativa clareza inquestionável clima de dissonância, para não dizer desconfiança, entre parapsicólogos e burocratas. Naturalmente que o cientista puro precisa de liberdade para especular e apoio material e moral para abrir caminhos, e nem sempre os tecnocratas e burocratas, que têm nas mãos o zíper das bolsas, confiam bastante para proporcionar-lhes as condições ideais. A não ser que o setor sob exame seja considerado relativamente *seguro*, como, por exemplo, o do cérebro físico, entregue à indiscutível competência da imponente Dra. Natalia Bekhtereva. Mesmo assim, quem sabe? E se, de repente, saírem dali, daquela caixa de surpresas, observações e fatos que venham sacudir as estruturas do pensamento materialista?

Dentro dessa linha de especulação, poderíamos entender melhor o posicionamento das autoridades. A telepatia, por exemplo, seria um dos temas *perigosos*, a despeito de seu indisputável potencial estratégico. Vimos que a Dra. Bekhtereva admitiria uma revisão nos seus conceitos se a telepatia fosse provada à sua satisfação. Há de existir razões muito fortes para que a prestigiosa *Gazeta Literária*, órgão que goza do beneplácito do poderoso Partido Comunista, tenha procurado desmoralizar a telepatia. O relatório dos cientistas que a revista incumbiu de examinar o assunto praticamente colocava a pá de cal oficial sobre os "restos mortais" da telepatia. E, no entanto, o assunto foi retomado mais tarde, ainda que relutantemente. Por quê? Mudaram os dirigentes? Ou as opiniões, ante novas evidências? A gente nunca sabe.

Há outros assuntos nitidamente indesejáveis, como a reencarnação e a sobrevivência do ser. Varvara Ivanova é testemunho vivo dessa posição oficial: mesmo no tempo em que ainda realizava seu trabalho, espaço físico e cultural para ela era de remota prioridade. Quando insistiu em prosseguir na divulgação de suas descobertas e observações, foi sumariamente retirada de circulação e deixada sem teto e sem pão, o que mede o grau de preocupação das autoridades com o impacto de suas ideias. Se fosse uma irresponsável a dizer tolices, ninguém se incomodaria tanto com ela, mas uma corajosa doutora em Filosofia, que conversa com Espíritos e sabe das suas encarnações anteriores, representa certo risco em potencial para os dogmas do materialismo dominante.

Já o Dr. Raikov parece ter-se acomodado ao rígido esquema dos seus superiores, como se deduz do seu meticuloso cuidado em deixar bem claro que ele *não é* um pesquisador da reencarnação, e sim um hipnotizador que implanta sugestões positivas para desencadear processos de criatividade. Nem uma palavra sua que explique como e por que as pessoas dispõem de tantos recursos armazenados nas profundezas do inconsciente. Memória genética? Inconsciente coletivo? Captação de desconhecidas energias? Ou seria o preciso acervo de experiências culturais ao longo de sucessivas e incontáveis reencarnações, como é certo?

Sentimos essa mesma postura quando o Diretor do Instituto praticamente cassa a palavra de Semyon Kirlian, graças ao qual acaba de ser salva metade de uma vasta colheita de trigo, porque certa doença foi detectada pelo "efeito Kirlian" antes de manifestar-se visivelmente na planta.

Enquanto isso, cientista do gabarito de Viktor Inyushin declara que, em contraste com o plasma inorgânico, o plasma biológico revelado pela fotografia Kirlian constitui "um sistema estruturalmente organizado". Como se organiza esse plasma? Por acaso? Sabe-se que houve certo recuo na explicação do chamado "efeito fantasma" igualmente detectado pela câmara de Kirlian. Lyall Watson, em seu livro *The Romeo Error*, lembra que Viktor Adamenko negou e até ridicularizou a experiência. Acha, porém, Watson — e ainda comentaremos seu notável livro — que Adamenko não crê na sua própria negação e informa, a seguir, que o cientista brasileiro Hernani Guimarães Andrade "conseguiu obter várias vezes o efeito fantasma em folhas e, ao que tudo indica, parece que Adamenko estará, em breve, completamente desmentido".

A *Grande Enciclopédia Soviética* dizia em 1974 que ainda não havia sido descoberta a base física do campo eletromagnético dos organismos vivos. Estariam chegando ao perispírito? Pelo menos é por aí o caminho...

Uma palavra final. Seria imprudente e fantasioso otimismo esperar um despertamento espiritual na União Soviética para a semana próxima. Há um longo e difícil terreno a percorrer, especialmente porque a comprovação científica satisfatória às brilhantes Bekhterevas de um componente espiritual no homem desarrumaria toda a rígida filosofia em cima da qual está montada aquela sociedade. Por outro lado, pode ser que o futuro nos reserve inesperadas soluções e aberturas. Não seria absurdo supor que uma sociedade baseada no materialismo possa chegar mais depressa à realidade espiritual caracterizada na doutrina que professamos do que organizações tidas por espiritualistas,

O mito do materialismo

mas imobilizadas pelo emaranhado dos seus próprios dogmas. Como já lembrei alhures, o único dogma da pesquisa psíquica soviética é o mito do materialismo, e esse tem os seus dias contados desde que haja uma aceitação honesta e sem preconceitos dos fatos que estão incessantemente a emergir cumulativamente das experimentações. Mas que isso obrigará a uma revolucionária reformulação de conceitos, não há dúvida. Daí, com toda certeza, e sem trocadilho algum, esse "medo de fantasmas" que certas autoridades demonstram com as pressões exercidas sobre determinados setores da pesquisa: é o temor de descobrir o espírito, a despeito de si mesmos.

•

Para encerrar o livro, Gris e Dick fizeram uma tentativa de localização dos eminentes cientistas com os que se avistaram na Rússia. Adamenko, depois de perder sua posição no Instituto de Fisiologia Normal, em Moscou, e após algum tempo em Kranosdar (ostracismo?), foi designado para um projeto de "considerável importância". Kirlian continua vivo e saudável, muito prestigiado, a despeito da falta de escolaridade de nível universitário, especialmente depois de sua conferência sobre o "efeito Kirlian" na acupuntura, em meados de 1977. O prof. Zigel, o homem dos discos voadores, está muito bem no Instituto de Aviação, instruindo os cosmonautas. E assim por diante.

Como se esperava, porém, nem uma palavra sobre Varvara Ivanova, a "Procelária", o que é lamentável. Por onde andará a valorosa "brasileira reencarnada"?

Não sei se algum dia Ivanova lerá este artigo. Se o fizer, saiba que daqui lhe enviamos a radiação da nossa melhor "bioenergia" para sustentá-la na sua generosa missão entre os irmãos que, no momento, acontece serem russos.

Saiba, também, que, quando desejar reencarnar-se outra vez no Brasil, estou certo de que será recebida com alegria e respeito para continuar a sua tarefa de desbravamento nos domínios do Espírito. Como até lá muita coisa terá acontecido, suponho que haverá reconstruções homéricas a realizar por toda parte. O mundo precisará de gente como Ivanova.

10

O FANTASMA DO VOO 401

Dia 29 de dezembro de 1972, sexta-feira, pela manhã, o telefone tocou em casa de Don Repo, em Miami. Alice, a esposa, atendeu. Era da *Eastern Airlines*, a empresa de aviação em que Don trabalhava como um dos seus excelentes mecânicos de bordo. Quando Alice se dirigia à garagem para chamar o marido, sentiu o impacto de uma desagradável lembrança. Cerca de um ano antes, logo que Don chegara de uma viagem e lhe telefonara, como de hábito, do aeroporto, alguém ligara para dizer que seu marido acabara de morrer num desastre aéreo. Tratava-se, evidentemente, de uma brincadeira de péssimo gosto e quando Don chegou em casa, cerca de meia hora depois, Alice comentou com ele o "trote" telefônico e ambos lamentaram que houvesse gente capaz de fazer uma coisa daquelas. O problema agora, naquela manhã de dezembro, é que a voz que chamava Don ao telefone era a mesma que anunciara a sua morte um ano antes! Alice, porém, achou que não devia dizer-lhe nada sobre o assunto para não afligi-lo inutilmente.

A *Eastern* queria saber se Don aceitava fazer o voo 401 Nova Iorque—Miami naquela noite. Como não era sua escala, ele poderia, naturalmente, recusá-lo. A família, no entanto, não tinha planos especiais para a passagem do ano e, se ele fizesse o voo, estaria de folga para o Ano Novo, mesmo porque regressaria a sua casa naquela mesma noite. "Que você acha?", perguntou ele a Alice. Ela preferiu, como sempre, que ele próprio decidisse, e ele resolveu aceitar o voo.

Pouco depois do meio-dia ele partiu de carro para o aeroporto local, de onde voaria para Nova Iorque, para depois retornar de lá no 401. Cerca de 8 horas da noite, Don ligou do Aeroporto Kennedy, em Nova Iorque, para avisar a Alice que já havia chegado. Às 8h40 a tripulação se dirigiu para o belo Jumbo L-1011, a fim de começar a preparação para a decolagem, às 9 horas em ponto. Dentro de pouco mais de duas horas, o jumbo estaria pousando no aeroporto de Miami e, pouco depois de meia-noite, Don estaria de novo em casa.

O piloto era outro craque da *Eastern*, com milhares de horas de voo. Chamava-se Bob Loft e ganhava o belo salário de 52 mil dólares por ano.

O terceiro componente da equipe de voo era o primeiro oficial Bert Stockstill, o típico piloto, bonitão, tranquilo, competente como o comandante.

Don Repo subira gradualmente de posto, pela força do seu mérito pessoal, a partir da posição de mecânico em terra. Mais tarde conseguira também o certificado de piloto comercial. Era um tipo extrovertido, alegre, popular entre os colegas e algo imprevisível. Na sua profissão, um perfeccionista. Sua paixão: o maravilhoso jatão L-1011, um gigante que custava de 15 a 20 milhões de dólares e que, embora já estivesse com mais de mil horas de voo, entrara em operação há apenas quatro meses. O aparelho não tinha segredos para Don Repo.

Além desses três astros da aviação comercial, voaria também, de regresso a sua casa em Miami, um supervisor da *Eastern* chamado Angelo Donadeo. Como o avião estava lotado, ele ocuparia o assento escamoteável atrás do piloto. Donadeo era um técnico especializado no 1011, o que lhe dava direito de viajar na cabina de comando.

Às 9 horas o gigante começou a mover-se rumo à pista. O tráfego de fim de ano era pesado e havia uma fila aguardando a decolagem. Por isso, só às 9 horas e 20 minutos o comandante Loft foi liberado pela torre para levantar voo. Em poucos minutos só se viam lá embaixo as luzes do bairro de Queens. Saindo de uma gélida Nova Iorque, com cerca de 2 graus de temperatura, passageiros e tripulantes antecipavam com prazer os 24 graus anunciados para Miami, onde o avião, conforme previsto, pousaria às 11h32.

Eram pouco mais de 11h30 quando o comandante Loft começou o diálogo com a torre do aeroporto de Miami. Identificou a sua empresa, o voo e deu a posição. Pouco depois ordenou ao copiloto Stockstill que baixasse o trem de aterrissagem, enquanto trocava algumas palavras ainda com a torre e, em seguida, com Don Repo, com o qual conferiu, no telegráfico jargão profissional, os controles habituais. Foi aí que o comandante notou que somente duas das três luzinhas que indicavam a posição correta do trem de aterrissagem estavam acesas. Isto queria dizer que uma das rodas não descera, como as outras, precisamente a da frente. O comandante deixou escapar uma palavra de enfado e resolveu tentar de novo colocar a roda relutante em posição. Não havia grande problema porque, se o mecanismo se recusasse mesmo a funcionar, poderia ser operado de outras maneiras. A esse ponto o gigantesco avião vinha descendo de 1.500 pés (cerca de 450 metros) para 1.000 pés.

Loft comunicou à torre o pequeno imprevisto e recebeu instruções para ganhar altitude novamente, até 2.000 pés, e reaproximar-se da pista. A situação estava sob controle. Pouco tempo antes, Loft havia comentado com um amigo que em 90 por cento dos casos a falha é da luz que não acendeu, e não do trem que não ficou na posição correta. Era preciso, porém, certificar-se disso.

Era hora de Don Repo entrar em ação. Primeiro verificaria se não era apenas a luz que falhara; em seguida, Don desceria ao *hell hole* ("buraco do inferno"), um estreito "poço" no piso da cabina, para verificar visualmente se a roda dianteira estava ou não em posição adequada ao pouso.

Muitas coisas aconteceram então nos poucos minutos seguintes, até que o enorme e sofisticado pássaro aéreo mergulhou inapelavelmente no vasto pantanal de Everglades, em plena escuridão da noite. Tudo porque falhara uma lampadazinha de alguns centavos.

Eis o último diálogo, transcrito da gravação recuperada:

— *Eastern* quatro-zero-um — disse o controlador de voo da torre. — Vire à esquerda e siga rumo um-oito-zero.

— Um oitenta — confirmou Loft.

Eram quase 11h42. O avião estava a 600 pés de altura do pantanal e perdendo 500 pés a cada 20 segundos. Cinco segundos depois a voz de Stockstill:

— Fizemos alguma coisa com a altitude.

— O quê? — perguntou Loft.

— Ainda estamos a dois mil, certo? — insistiu Stockstill.

Não houve resposta direta. De repente Loft gritou:

— Ei! o que está acontecendo aqui?

Eram 11 horas, 42 minutos e 9 segundos. Na fração de segundo seguinte, o choque, o rápido clarão, o caos e o silêncio na trágica escuridão do pantanal.

O fantasma do voo 401

Dos 163 passageiros e 13 tripulantes, morreram ali, ou depois, 99, entre eles o comandante Loft e o copiloto Stockstill. Don Repo foi encontrado com vida, mas não aguentou o terrível impacto que sofrera juntamente com Donadeo, esprimido no "buraco do inferno", enquanto examinavam a recalcitrante roda dianteira. Morreu 31 horas depois, no hospital. Donadeo salvou-se.

•

Foi somente em março de 1974, num voo da *Scandinavian Airlines*, de Estocolmo para Copenhague, que John G. Fuller ouviu falar, pela primeira vez, sobre a estranha história de que os fantasmas da tripulação do voo 401, da *Eastern*, morta em Everglades, estavam aparecendo nos aviões da carreira. Aliás, uma história para jornalista algum botar defeito, e John Fuller é dos melhores. Entre seus livros, todos primorosamente pesquisados e relatados, contam-se autênticos *best-sellers*, como *Incident at Exeter*, *The Interrupted Journey* (*A jornada interrompida*), *Arigo: The Surgeon of the Rusty Knife* (*Arigó: o cirurgião da faca enferrujada*) e o seu recente *We Almost Lost Detroit* (*Quase perdemos Detroit*), no qual aborda o delicado problema das usinas nucleares e o tremendo perigo que representam.

Pois John G. Fuller acaba de escrever mais um excelente livro: *The Ghost of Flight 401* (*O fantasma do voo 401*), Edição Berkley Medallion Books, Nova Iorque, 1978. Sua intenção inicial era a de mero repórter (dos bons) a escrever sobre "a fragilidade da vida e a importância da sobrevivência". Seria uma reportagem de grande porte, é certo, mas também uma espécie de ensaio, algo filosófico e despersonalizado. O livro saiu bem diferente do que ele planejara. Veremos por quê.

Começa que a pesquisa não foi nada fácil. A empresa de aviação tudo fez para "abafar" o caso e ninguém poderia censurá-la por isso. Qual a empresa comercial de aviação que gostaria de ficar conhecida como proprietária de aviões assombrados? Empregados seus que deixavam "vazar" alguma história eram imediatamente licenciados ou encaminhados aos psiquiatras, correndo o risco de perderem seus empregos. Consultada diretamente a respeito, a administração respondeu, pelo seu Chefe de Relações Públicas, que as histórias eram mera fantasia e nada havia para dizer sobre o assunto. Não tinham informação alguma concreta sobre as alegadas aparições. Segundo apurou Fuller, no entanto, episódios mais marcantes ficaram documentados nos diários de bordo. A empresa recolhia sistematicamente as folhas e até os livros correspondentes que nunca mais foram vistos. Ao fim de algum tempo, ninguém queria falar sobre o assunto, o que era perfeitamente compreensível. No entanto, sob a segura proteção da camaradagem e confiança mútua que envolvem os milhares de trabalhadores qualificados da aviação comercial, as histórias continuavam a circular secretamente e com insistência. Tanto o comandante Bob Loft como o técnico Don Repo continuavam a ser vistos nos L-1011 da *Eastern*.

A despeito de seu gosto pelas grandes reportagens sobre assuntos misteriosos, John Fuller mantinha-se mais cético do que nunca. Para ele, fantasma é uma coisa diáfana, indefinível e misteriosa que só aparece em velhos castelos ingleses ou em casarões da época vitoriana. Para o seu modo de ver, fantasma em moderníssimos jatões L-1011, de 20 milhões de dólares, era demais. Sem dúvida alguma, porém, era uma grande história e Fuller resolveu enfrentar todas as dificuldades para investigá-la e jurou contá-la fielmente, quaisquer que fossem as suas conclusões.

Não foi fácil [enfrentar] as resistências e os temores das tripulações. Eram sempre reticentes, cautelosos, e procuravam, de início, evadir as questões. A maioria somente concordou em falar algo depois da garantia sob palavra de que seus nomes verdadeiros jamais seriam revelados.

Fuller reuniu enorme quantidade de material: relatórios, livros, gravações, depoimentos, artigos, tudo quanto pôde conseguir diretamente ou com ajuda de terceiros. De certo ponto em diante, não havia mais como recusar a realidade e o intenso realismo das aparições. O jeito, portanto, foi pesquisar *também* o que havia por trás de tudo aquilo. Será que existe algo no homem que sobrevive à morte física? É possível aos "mortos" voltarem sobre seus passos e comunicarem-se com os "vivos" visual, oralmente ou por outra qualquer forma?

Lembrou-se, então, de que verificara no Brasil, quando reunia o material para o seu livro sobre Arigó, que "muitos dos mais educados e cultos brasileiros aceitavam o Espiritismo — a crença na realidade da comunicação com os mortos — como coisa natural. Raramente isso é questionado. Pessoas de todos os níveis sociais eram médiuns lá, atuando como canais de comunicação com os Espíritos, segundo os seus preceitos".

Fuller reconhece que as estruturas culturais são diferentes no Brasil e nos Estados Unidos. Diferentes, note-se bem. "Seria uma forma de arrogância" — escreve ele à pág. 112 — "para qualquer dos países dizer que o quadro filosófico do outro é mais válido ou menos válido."

Isso é estritamente verdadeiro. Desabituado do trato com esses aspectos, a atitude de certas comunidades tende a uma cômoda e, no entanto, falsa e perigosa padronização. Fantasmas seriam "alucinações" inexplicáveis que ocorrem em casarões velhos, diante de pessoas mentalmente desequilibradas. Médiuns seriam criaturas excêntricas e esquisitas (diz-se *queer*, em inglês), de moral um tanto duvidosa, sempre prontas a enganar. O trato com os supostos Espíritos seria realizado em ambientes escusos, misteriosos, às escuras, para melhor facilitar a fraude. E assim por diante...

O principal receio dos que desconhecem as estruturas doutrinárias que explicam os fenômenos é passarem por "birutas", simplesmente porque tiveram uma visão espiritual, uma premonição ou acreditam em reencarnação e sobrevivência. O temor do ridículo e da rejeição vai aos extremos do absurdo, da irracionalidade.

Por tudo isso, um jornalista e escritor que se dispõe a contar um caso como o do voo 401 precisa estar bem documentado e, em princípio, também ele, convicto da realidade, senão como irá transmitir o que apurou?

A certo ponto da sua pesquisa, John Fuller não podia mais ter dúvida de que tanto o comandante Bob Loft como o técnico Don Repo estavam de fato manifestando-se visível e auditivamente nos aviões da *Eastern depois de mortos*. Tinha de haver uma saída para aquilo.

Fuller começou com o reexame de seis postulados básicos formulados por Luiz J. Rodriguez, quando ele esteve no Brasil, investigando o caso Arigó. Ele ainda não podia aceitar esses postulados como fatos provados, mas certamente os achava "estimulantes". São eles:

1. O homem é uma alma encarnada.
2. Sua alma não fora criada ao nascer.
3. Teve ele muitas vidas na Terra, e outras, consequentemente, viriam.
4. O contato entre encarnados e desencarnados existe desde que o homem apareceu na Terra pela primeira vez.
5. A faculdade psíquica, conhecida como mediunidade, é o método criado pela Natureza para estabelecer esse contato necessário e esclarecedor.

6. Os povos primitivos, por toda parte, estão perfeitamente familiarizados com esses simples fatos da vida.

A posição do autor, ao iniciar o sétimo capítulo do seu livro, está resumida, com inquestionável propriedade, numa simples frase que ele foi colher em Mark Twain:
— *Interestin if true* — *and interesting anyway.*
("Interessante se for verdadeiro — interessante de qualquer maneira").

Contudo, ele ainda se chocava contundentemente com a sua formação cultural, toda ela estruturada em observações cientificamente demonstráveis e suscetíveis de serem repetidas à vontade, sob condições bem conhecidas.

Mas vejamos alguns dos fatos ocorridos.

•

Pouco a pouco, John Fuller foi ganhando a confiança de tripulantes que tinham conhecimento direto de alguns episódios. Ginny Packard, por exemplo, uma atraente aeromoça. Certa noite, estava ela de serviço no mesmo voo 401, Nova Iorque—Miami, no avião do mesmo tipo L-1011, no piso inferior do aparelho, onde ficavam os fornos de aquecimento das refeições, quando percebeu, pelo canto dos olhos, uma formação difusa e nebulosa acima de uma das portas do compartimento. Tomada de surpresa, ela concentrou-se na observação. O cômodo estava totalmente iluminado e a condensação não era, evidentemente, de vapor ou fumaça. Tinha o tamanho aproximado de uma *grapefruit*, mas crescia constantemente e parecia mais sólida do que se fosse constituída de fumaça ou vapor. Se fosse, ela precisaria notificar imediatamente o mecânico de bordo. Enquanto isso ela esperava pelo pequeno elevador que ligava os dois "andares" da aeronave. A essa altura, estava um tanto assustada. Talvez, se ela deixasse de olhar, "a coisa" desaparecesse. Tornou a apertar o botão do elevador. Queria e não queria olhar, ao mesmo tempo. Agora não havia mais dúvida: estava se formando ali um rosto, meio sólido, meio difuso. Nesse ponto, ela ouviu que a porta do elevador se fechara lá em cima e a cabine começou a descer, enquanto ela pressionava aflitivamente o botão. Parecia uma eternidade a demora do elevador. Quando a cabine chegou, a face estava completa. Era de um homem de cabelos escuros, grisalho nas têmporas, com óculos de aro de aço, perfeitamente nítida e tridimensional.

Ginny entrou precipitadamente no elevador e subiu trêmula e pálida, dirigindo-se diretamente ao lavatório para tentar recompor-se. Tivera uma experiência parecida, anteriormente, mas fora somente uma aguda sensação de presença estranha; daquela vez estava em companhia de sua colega Denise. Agora fora diferente, porque ela *vira* uma face materializada e estava sozinha, sem testemunhas. Decidiu não contar nada a ninguém, nem mesmo a Denise.

Outro episódio dramático ocorreu cerca de um mês depois.

O L-1011 preparava-se para o voo Nova Iorque—Miami. Enquanto o segundo oficial completava sua inspeção, o comandante e o primeiro oficial já estavam sentados na cabina, percorrendo a longa lista de verificações de rotina que antecedeu ao voo. As refeições já haviam sido colocadas a bordo e as atendentes cuidavam dos últimos detalhes antes de admitir os passageiros, que, logo em seguida, começaram a entrar e tomar seus lugares.

Depois de todos acomodados, Sis Patterson (não é seu nome verdadeiro), chefe das aeromoças, fez a contagem de praxe. Sobrava um passageiro. Ela repetiu a contagem, confirmou o excesso e não tardou a descobrir a discrepância. Havia um comandante da *Eastern*, em uniforme, sentado numa das poltronas. Era, obviamente, um *deadhead* (jargão profissional para "carona"), de volta a Miami, o que não seria de estranhar-se, pois era coisa comum acontecer. Às vezes pilotos e mecânicos viajavam nos assentos escamoteáveis reservados à tripulação, mas às vezes iam mesmo nas poltronas comuns. Tornava-se necessário confirmar isso e Sis dirigiu-se ao comandante com a sua lista de passageiros em punho.

— Desculpe, capitão — disse ela —, mas o senhor vai nesta viagem? Não tenho o seu nome na minha lista.

O comandante não respondeu. Continuou de olhar vago e fixo, sem mover-se. A moça insistiu:

— Perdoe-me, capitão. Tenho que ter o senhor como ocupante de um banco da tripulação ou de uma poltrona como passageiro de primeira classe. O senhor pode me ajudar?

O capitão continuou imóvel e calado, como se a moça não existisse. Nesse ponto, chegou Diane Boas (outro nome "arranjado"), a superintendente do voo. Também estava aturdida. O homem, perfeitamente normal sob todos os aspectos, parecia completamente "desligado". Ficaram as duas sem saber ao certo o que fazer até que Sis foi à cabina conversar com o comandante da aeronave, que também ficou perplexo, pois não sabia de nenhum colega a bordo.

Enquanto isso, o tempo passava e o avião continuava retido, sendo que os passageiros, em torno do enigmático piloto, acompanhavam curiosos o desenrolar dos acontecimentos.

O comandante veio com Sis até o estranho colega, pois estava ansioso por decolar o avião, já atrasado. Enquanto as duas aeromoças o observavam de perto, ele curvou-se para dirigir-se ao outro. Foi aí que ele "gelou", segundo conta John Fuller.

— Meu Deus! — disse ele — é Bob Loft!

De repente, a surpresa final: o misterioso comandante Loft desapareceu numa fração de segundo. "Ali estava num momento" — escreve Fuller — "e, no momento seguinte, não estava mais."

O comandante do voo dirigiu-se ao escritório da empresa no aeroporto e comunicou o fato. O avião atrasou-se ainda mais, enquanto se procurava por toda parte, inutilmente, é claro, o misterioso capitão Loft.

Finalmente, a recontagem foi feita e, como o número de passageiros conferia com a lista, o avião decolou rumo a Miami. Dentro de poucas horas o caso se tornou conhecido em toda a *Eastern* e em meia dúzia de outras empresas aéreas.

Novos incidentes começaram a furar a barreira do silêncio que a *Eastern* desejara erguer.

No voo número 26, por exemplo, rumo a Nova Iorque, Ginny Packard estava novamente de serviço. A viagem foi tranquila, exceto por alguma turbulência ocasional. Verificou-se também certa tendência do avião para desviar-se ligeiramente para a direita. Isso durou até a chegada no Aeroporto Kennedy, em Nova Iorque. Dali o avião foi preparado e todo *checado* para a viagem de retorno a Miami, exatamente o famoso voo 401, das 9 horas da noite.

Já em pleno ar, recomeçou a ocorrer o inexplicável fenômeno de desvio para a direita. Ainda que algo incômodo, o movimento não perturbava, e Ginny continuou servindo os *drinks* com as suas companheiras. Ao aproximar-se do espaço que fica sobre a asa do aparelho, um passageiro chamou-a e, apontando para a janela, perguntou-lhe:

— Que é aquilo ali sobre a asa?

Ginny curvou-se para olhar e viu certa massa luminosa e enevoada. Não se tratava certamente de um fragmento de nuvem, porque era opaca e seguia o avião, em vez de ficar prontamente para trás em virtude da fantástica velocidade da aeronave. Ginny e o passageiro observaram o fenômeno por alguns minutos. De vez em quando a massa elevava-se alguns pés e depois baixava novamente sobre a superfície da asa. Quando isto acontecia, a asa era visivelmente pressionada para baixo e o avião se desviava para a direita. O passageiro achou que era melhor notificar o mecânico de bordo, o que Ginny fez após alguma hesitação.

O técnico veio, observou o fenômeno e concluiu que era mesmo uma nuvem e que acabaria por desaparecer. O passageiro protestou com certa veemência, afirmando que ali estivera a observar por algum tempo, com a aeromoça, e a "coisa" continuava lá. O mecânico de bordo não tinha outra explicação viável ou aceitável. Assegurou que o avião não corria o menor risco, a despeito do desvio para a direita e que em Miami eles fariam uma revisão para ver do que se tratava.

Meia hora depois, o desvio recomeçou, desta vez para a esquerda. Ginny foi chamada por outro passageiro para explicar o que era aquilo ali sobre a asa. O mesmo fenômeno. A massa luminosa subia e descia, e a cada pouso sobre a asa o avião se desviava para a esquerda, sem que os controles pudessem evitá-lo ou corrigi-lo.

O avião pousou tranquilamente em Miami e o incidente ficou inexplicado.

•

E assim, o comandante Loft e o técnico Don Repo continuaram a aparecer em inúmeros voos da *Eastern*, mesmo quando seus aviões eram cedidos por aluguel a outra empresa, nos períodos de menor demanda.

Numa de suas aparições, Don falou com seu colega: "Não se preocupe com as verificações de rotina: eu já as realizei..." Em outra oportunidade ele dissera a um colega: "Nunca mais haverá outro desastre com um L-1011... Nós não permitiremos que isso aconteça..."

Numa viagem Nova Iorque—Miami, antes da contagem dos passageiros, uma senhora começou a ficar preocupada com seu companheiro de poltrona. Era um oficial com uniforme de mecânico de bordo. O homem tinha um aspecto estranho, parecia doente e pálido. Quando ela perguntou-lhe algo, ele não respondeu. Ela insistiu.

— O senhor está bem? Quer que eu chame a aeromoça para ajudá-lo?

Nenhuma resposta, nenhum gesto. A senhora chamou uma atendente que, igualmente impressionada com a aparência do tripulante-passageiro, perguntou-lhe em que poderia ajudá-lo. A essa altura, vários passageiros observavam curiosos a cena. Então, o impossível aconteceu: o homem desapareceu numa fração de segundo, à vista de todo mundo. Alguns ficaram "apenas" perplexos, mas a vizinha de assento do "fantasma" ficou agitadíssima. Ao chegar a Miami, exigiu que lhe mostrassem fotos dos mecânicos da *Eastern*. Tanto ela como a aeromoça indicaram o retrato de Don Repo.

Numa viagem para a Cidade do México, novamente o rosto de Repo apareceu refletido na portinhola de um dos fornos de aquecimento das refeições. Duas aeromoças o viram. Ligaram para a cabina superior e o mecânico desceu para ver. Além de reconhecer Don Repo, ouviu-o dizer que tomasse cuidado com fogo no avião.

A aeronave desceu sem incidentes no aeroporto da Cidade do México. Ao se preparar o avião para a decolagem rumo a Acapulco, verificou-se que o motor número 3 não funcionava. Como o aparelho dispunha de ampla reserva de potência, não havia dúvida em seguir viagem com os dois motores restantes. O único problema é que o aeroporto do México fica a 6.000 pés de altitude (cerca de 1.800 metros) e, se a temperatura estiver muito elevada, o ar rarefeito não tem condições de sustentar o peso da aeronave e pode acontecer que esta não consiga levantar voo ou, pior, caia na pista, pouco adiante.

Autorizado a partir, porém, o piloto do L-1011 acelerou e decolou. A 50 pés do solo (15 metros) verificou que o motor número 1 começou a falhar e a expelir chamas. O comandante desligou-o e acionou o dispositivo apropriado para extinguir o fogo. O problema agora era subir com um só motor e retornar para pousar na pista, pois era impraticável seguir naquelas condições. Se com três motores a decolagem era incerta e com dois problemática, com um era impossível. Pois o impossível realizou-se. O aparelho subiu, fez a volta e pousou sem incidentes. Foi, sem dúvida, um prodígio de técnica e sangue-frio da tripulação, mas muitos consideraram o pouso simplesmente milagroso. Don Repo estava atento.

•

Por essas e outras histórias, John Fuller não teve alternativa. Mergulhou na pesquisa adicional dos fenômenos desconhecidos. Confirmou que havia muita gente de gabarito e bom-senso que aceitava perfeitamente, não apenas o conceito da sobrevivência, mas também considerava um fato perfeitamente natural comunicar-se com os "mortos". Descobriu que pessoas altamente qualificadas — pilotos e técnicos de aviação ou executivos importantes e responsáveis, de formação profissional rigorosa — não apenas acreditavam nisso, mas eram até médiuns! (Incrível! Médiuns!)

Relutantemente, a princípio, mas depois visivelmente interessado, manteve entendimentos com grupos sérios que, ao que tudo indicava, estavam tentando (e conseguindo) contato com o "falecido" Don Repo.

Finalmente, ainda vencendo certa relutância íntima, deixou cair a última barreira: saiu com sua colaboradora

Elizabeth Manzione para comprar uma prancheta de *ouija*. Embora se sentisse ridículo, começou secretamente a experimentar e, depois das dificuldades iniciais, convenceu-se de que, sem dúvida alguma, o Espírito Don Repo passou a comunicar-se com eles, por meio do precário dispositivo.

A evidência foi inequívoca. Não apenas era o mesmo espírito alegre e imprevisível de Don, como certos detalhes absolutamente convincentes foram apresentados e posteriormente testados.

O manifestante indicou os nomes dos parentes e venceu com facilidade os primeiros (e ingênuos) testes propostos por Fuller. Exemplo: "Você pode me dizer os nomes de suas irmãs?" Ele respondeu letra por letra: *Mary* e *Ann*. Fuller sabia que havia mais duas, pois estava conferindo os nomes com os que constavam num recorte de jornal que tinha nas mãos. E insistiu: "Pode dizer o nome das outras duas?" Prontamente a prancheta escreveu:

— Veja o recorte que você tem nas mãos...

"Isto foi surpreendente e inesperado" — escreve Fuller. — "Começava a parecer que, fosse o que fosse, aquela energia ou força inteligente era alerta e perceptiva e também dotada de senso de humor."

Mas o Espírito desejava algo mais positivo. Pediu a Fuller que ligasse para sua filha Donna. Teria ele uma mensagem para ela? Tinha. Queria que a família não se preocupasse com ele. Estava bem e trabalhando como nunca. E para a esposa Alice?

— Eu a amo. Esqueça-se de Don. Lágrimas não me ajudam muito a voltar (manifestar-se).

No seu estilo telegráfico, queria dizer que as angústias da família que ficara na carne criavam-lhe dificuldades.

No final de certa sessão, a prancheta escreveu algumas frases sem sentido aparente e uma pergunta incompreensível:

— Os camundongos haviam deixado aquele armário da família?

E logo depois outra frase incompreensível:

— A cesta de *pennies* (moedinhas) que estava no quarto do rapaz.

A mensagem concluía com uma palavra inequívoca de estímulo para Fuller. Deixasse de perder tempo (acumulando mais evidências do que já possuía em seu poder) e escrevesse o livro, pois a história precisava ser contada. "Vá para a máquina de escrever, para trabalhar. Chame Donna. Não use mais a prancheta hoje. Prossiga com a história. Até amanhã. Repo. Adeus."

Encerrado o contato da noite, John Fuller sentou-se e escreveu uma carta cautelosa à filha de Don Repo, que também trabalhava como aeromoça. Falou do seu interesse em escrever uma reportagem absolutamente honesta sobre o acidente, dentro do tema geral da fragilidade da vida e da importância do conceito da sobrevivência. Gostaria de trocar ideias com Donna e sua mãe. Se elas concordassem, marcariam um jantar para conversarem, na próxima vez que ele fosse a Miami com Elizabeth Manzione.

Para encurtar a história, Donna chamou-o ao telefone após alguns dias, pois a carta fora devolvida por causa de uma deficiência no endereço.

O contato pessoal com Donna e Alice Repo foi dos mais agradáveis. Eram pessoas equilibradas, sensatas, inteligentes. Era evidente que se tratava de uma família extremamente unida e afetiva, e certo que sentiam uma falta terrível de Don, mas estavam bravamente conformadas. Donna Repo era uma bela moça.

Mas como John Fuller iria dizer-lhes que estivera "conversando" com Don Repo? Lá pelas tantas ele começou, cautelosamente:

— Diga-me uma coisa — disse ele dirigindo-se a Alice Repo —, isto pode parecer uma pergunta maluca, mas a senhora alguma vez teve certa dificuldade com uns camundongos, no que se poderia chamar de "armário da família"?

Alice e a filha pareciam estateladas.

— Como é que o senhor sabe *disso*? — perguntou Alice.

— Eu sei que a pergunta parece tola — replicou Fuller.

Não. A pergunta não era nada tola. Há poucos meses uns ratos haviam construído seu ninho no sótão que ficava acima do que eles chamavam de "quarto da família". O único acesso ao sótão passava por dentro do armário do tal quarto. Era essa a explicação. Mas como é que John Fuller, um total desconhecido, poderia saber disso?

Quanto aos *pennies*, Don costumava colecionar todos os que tivessem a cabeça do índio que figurava nas moedas mais antigas. (Ainda me lembro deles, ao tempo em que vivi nos Estados Unidos, há mais de 25 anos.) Havia uma vasilha com uma quantidade deles no quarto do filho.

— Mas quem falou disso ao senhor? Estou curiosa.

Fuller teve que explicar a origem de suas referências. Alice Repo não se mostrou chocada, nem mesmo surpreendida. Apenas comentou que desde menina não "brincara" mais com a prancheta.

O encontro terminou com uma pequena sessão, muito embora Fuller não tivesse planejado. Na verdade, a prancheta estava lá embaixo, no carro estacionado no hotel.

O pequeno diálogo com Donna e Alice foi a emocionante e tão caluniada trivialidade das verdades simples da vida. A confirmação do amor, a certeza de que as afeições profundas e sinceras atravessam facilmente as barreiras da "morte".

— Como vai você, minha filha especial. Beije Alison por mim (a outra filha). Querida Alice, eu te amo.

E depois:
— Alice Norko Repo, eu te amo. Nunca se esqueça, por favor. Eu te amo. Boa noite.

Norko era o nome de solteira dela, que nem Fuller nem Elizabeth conheciam. Apenas um ponto ficou obscuro. Numa das sessões anteriores, o Espírito usara a palavra "Sassy" referindo-se a Alice e esta não soube o que queria dizer. Nada lhe lembrava o termo. Além de seu sentido habitual de atrevido, insolente, impertinente, a palavra significa, em seu sentido coloquial, *alinhado* (ou alinhada). Era nesse sentido que Don certa vez a empregara. Brincava ele com a esposa a respeito de ela ficar um tanto gordinha e chamou-a afetuosamente de seu "amor gordinho e alinhado".

Passado algum tempo, ela se lembrou do episódio que havia esquecido totalmente. Ligou para John Fuller para confirmar.

Estranho como pareça, após relutar tanto em admitir a realidade da vida póstuma com base em episódios tão sensacionais como os que havia conseguido obter, John Fuller deixara-se convencer por autênticas trivialidades. Uma palavra usada numa terna brincadeira íntima ("sassy"), camundongos no sótão de uma casa, uma quantidade de centavos numa cesta de papéis...

"Juntos" — escreve Fuller —, "esses três fragmentos de evidência que, a princípio, pareceram sem sentido, finalmente me convenceram de que eu havia atendido aos rígidos parâmetros fixados pelo prof. Hyslop. Era como se 'houvéssemos recebido os mesmos incidentes por via telegráfica ou telefônica'."

James H. Hyslop, professor de Ética e Lógica da Universidade de Columbia, fixara no seu livro *Ciência e vida futura* (1905) os padrões de segurança que, a seu ver, deveriam servir para avaliar a autenticidade das informações recebidas por via mediúnica. Teriam de ser como fatos que a gente fica sabendo pelo telégrafo ou pelo telefone, ou seja, legítimos, verificáveis, compreensíveis.

John Fuller conclui seu livro explodindo mais um mito: há "fantasmas" bons também, como os de Don Repo e Bob Loft, que zelam pela segurança dos maravilhosos jatões que pilotaram com indiscutível competência "em vida". Afinal de contas, não é só em remotos castelos ingleses que há fantasmas.

"Não posso deixar de pensar" — diz o autor, no último parágrafo de seu excelente livro — "que, em algum ponto, Don Repo, com seu delicioso senso de humor, está rindo conosco e não de nós. Que pode estar mesmo mostrando-nos que há muito mais sobre nossa existência do que a ciência materialista gostaria que acreditássemos. E que ele se tornará uma gentil e benigna legenda que assombrará benevolamente o espaço aéreo por um longo tempo futuro."

Estamos de pleno acordo. Bob Loft e Don Repo não morreram em vão. Quebraram muitos tabus para os perplexos componentes de uma comunidade inteligente, altamente qualificada do ponto de vista técnico e que vive num universo fechado de sofisticados computadores e complexos instrumentos de progresso material, mas que, ao contrário de qualquer xamã ou morubixaba indígena, que nunca entrou, e provavelmente jamais entrará, num L-1011 para fazer o voo 401 Nova Iorque—Miami, desconhecem elementares princípios da vida.

A lição é importante para este mundo atormentado pelas agonias de uma época que se apaga como o sol poente, mas que também nos adverte de que a luz voltará a brilhar na madrugada de uma nova era.

11

FRONTEIRAS ESPÍRITO/MATÉRIA

Raramente especulações mais abstratas dos pensadores de vanguarda chegam ao conhecimento do grande público. De modo geral, elas permanecem no relativo anonimato das revistas especializadas e em livros de reduzida tiragem, soterradas numa linguagem densa de jargão científico, praticamente inacessível a nós, pobres mortais não iniciados. No entanto, as teorizações do físico francês Jean E. Charon alcançaram rapidamente os meios de comunicação, quando ele decidiu proclamar que suas pesquisas e meditações haviam-no levado à convicção de um elemento espiritual encravado nas estruturas da matéria.

Pensei logo em algo semelhante à teoria corpuscular do Espírito do nosso compatriota Hernani Guimarães Andrade ou nas perquirições de Pierre Teilhard de Chardin. Por outro lado, o título da obra de Charon — *L'Esprit, cet inconnu*[12] — sugeria conexões com o pensamento de outro

---

[12] Edição Albin Michel, Paris, 1977, 255 páginas.

francês eminente, o Dr. Alexis Carrel. É difícil, porém, explorar as profundezas de uma obra, avaliar suas dimensões e inferir suas implicações pela simples leitura de um pequeno artigo de jornal sobre ela, por mais bem feita que seja a notícia.

Por sorte, encontrei logo, numa livraria especializada, o livro de Charon. É sobre ele que iremos conversar neste artigo.

•

"Ao contemplar meu trabalho e minhas publicações nos últimos vinte anos" — escreve o autor no Prefácio — "não me julgo tão certo [...] de ter sido um físico ou, pelo menos, um físico no sentido que se atribui a essa palavra no contexto científico contemporâneo."

Charon apresenta-se com impressionantes credenciais. Físico e engenheiro, especializou-se em pesquisas nucleares no Comissariado de Energia Atômica de Saclay. Em 1959 partiu para a Física fundamental com o objetivo de dar prosseguimento às especulações de Einstein. Suas conclusões sobre uma teoria unitária dos fenômenos físicos constam do livro *Théorie de la relativité complexe*, recentemente publicado pela Albin Michel. Charon se interessa também pela estrutura da linguagem e pela teoria geral do conhecimento. Tem seis livros sobre Física, treze sobre Filosofia científica e dois sobre Informática. É, sem dúvida, homem habituado a manipular ideias e a expô-las com elegância e clareza. Vários dos seus livros foram traduzidos e publicados em outras línguas, principalmente espanhol. Um deles, *Les Conceptions de l'univers depuis 25 siècles*, de 1970, saiu também em inglês, alemão, espanhol, sueco e japonês. Vê-se, portanto, que o pensamento de Charon se amplia em círculos concêntricos por toda parte, levando na sua mensagem a influência de sua filosofia. Pareceu-nos, assim, que não deveríamos ignorá-la, ainda mais que ele se dispõe agora a escrever sobre o Espírito. Não que o Espiritismo seja "proprietário" do termo, mas a palavra sempre suscita nosso interesse onde e como quer que seja pronunciada ou escrita.

As humílimas e obsoletas noções da minha pobre Física ginasial de nada servem em certas paragens do livro, mas não é impossível seguir o fio do pensamento do autor, mesmo que, em alguns pontos vitais da sua visão filosófica, ouse discordar dele.

Num livro sério e profundo como este, tudo é importante e deve ser lido com atenção. Por isso, até as citações iniciais merecem escrutínio. Há duas delas na página que precede o Prefácio. Uma de Alexis Carrel, na qual o eminente pensador escreve entre outras coisas:

"A despeito de sua beleza e grandeza, o mundo da matéria inerte é demasiado estreito para ele (o homem)."

E por isso, ele propõe que nos libertemos da "tecnologia cega".

Ao que depreendo da cuidadosa leitura do livro, a interpretação que daríamos ao pensamento de Carrel difere bastante da que lhe deu Charon, como veremos.

Em Teilhard de Chardin, o autor foi buscar o seguinte parágrafo:

"É chegado o momento de se conscientizar de que uma interpretação, ainda que positivista do Universo, deve, para ser satisfatória, levar em conta a intimidade das coisas, tanto quanto a exterioridade — o Espírito tanto quanto a matéria. A verdadeira Física é aquela que chegará, um dia, a integrar o homem total numa representação coerente do mundo."

Acho que não há o que contestar em Charrel e em Chardin nesses fragmentos de suas ideias. É claro que no mundo em que vivemos, Espírito e matéria agem e reagem um sobre a outra, como também é claro que a matéria inerte não tem condições de aprisionar o homem-espírito. O Espiritismo nos ensina que a matéria é um instrumento de trabalho, um suporte temporário do Espírito imortal rumo à perfeição.

Vejamos, porém, se podemos resumir inteligivelmente as ousadas formulações de Jean Charon.

•

Contrariamente à tendência dominante na Física moderna, ele afirma que há um componente espiritual "dissimulado na matéria". Mais ainda: que só admitindo a presença do Espírito na matéria será possível entender satisfatoriamente "a estrutura e propriedades de certas partículas elementares", introduzindo o conceito de um espaço-tempo que "apresenta todas as características do espaço-tempo do Espírito, lado a lado com o da matéria bruta".

Chama ele de Física neognóstica a disciplina que lhe serve de veículo a tais especulações.

Por que neognosticismo? Porque, de certa forma, essa abordagem se identifica com o movimento gnóstico do primeiro século da nossa era e reassume muitas das suas posições. Os gnósticos pretendiam conhecimento direto de Deus e, em vez de buscarem apoio na crença, buscavam-no na Ciência da época. Segundo eles, emanações da Inteligência universal, na condição de partículas, a que davam o nome de *éons*, seriam veículos do Espírito e podiam interferir no comportamento da matéria.

Importante grupo neognóstico surgiu recentemente nos Estados Unidos, nas Universidades de Princeton e Pasadena.

Dispostos, se for o caso, a renovar "a linguagem científica" do nosso tempo, os neognósticos acham que o fator espiritual "é indissociável de todos os fenômenos que nos são dados a assistir no Universo, sejam eles físicos ou psíquicos".

A abordagem parece, à primeira vista, muito fecunda e promissora, mas é bom tomá-la com certas reservas iniciais até estarmos bem certos do conceito que formulam os neognósticos sobre o Espírito. Nada de proselitismo — dizem eles. Não há mestres, pois somos todos aprendizes em busca de conhecimento. Por conseguinte, "nada de religião *humanista* que pretenda descobrir onde se encontra o *Bem* no homem".

Charon está de pleno acordo com esse balizamento e parte daí.

Justificando o fato de procurar expor na linguagem da Física questões que considera metafísicas, Charon admite que, "de maneira um pouco dissimulada, talvez o problema da morte seja a questão central do livro". Isso porque, na sua opinião, é a "morte que revela o Espírito atrás da matéria".

O balizamento prossegue nas citações de Demócrito, por exemplo, para o qual não apenas os átomos tinham existência independente do Espírito, mas também "a alma é constituída de átomos especiais, tênues e unidos". Ou Paul Valéry, que escreveu em *Moralités*, volume II de suas *Obras*, o seguinte:

"Os espíritas, com suas mesas e seus ectoplasmas, têm o mérito imenso de colocar sob sua grosseira forma, clara e insensata, aquilo que os espiritualistas, o pessoal da alma, dissimulam a si mesmos sob o véu de palavras, de metáforas e de expressões ambíguas."

Por conseguinte, para Valéry, o único mérito dos espíritas (imenso, diz ele) foi o de expor, grosseira e insensatamente, o que os outros dissimulam...

Mas prossigamos com Charon, que encerra seu capítulo primeiro com uma crítica incisiva aos seus colegas cientistas que defendem rigidamente a posição de que cabe somente a eles decidir o que convém ou não informar ao público. Não passam, em sua maior parte, de "bons funcionários da Ciência", mas a atitude que assumem, Charon considera simplesmente *escandalosa*.

•

É a partir do segundo capítulo que o autor começa a desdobrar sua teoria, da qual tentaremos um resumo, a seguir.

Acha ele que o elétron, uma das partículas formadoras da matéria, e, portanto, do nosso corpo, possui uma estrutura semelhante à dos buracos negros (*black holes*), recentemente descobertos pelos astrônomos, dotados de espaço-tempo próprio ao do Espírito. (Mantenhamos nossas reservas até que possamos saber o que deseja o autor ao usar o termo Espírito.) Essa partícula, que ele chama de espiritual, é estável e as informações que armazena "*subsistirão além da nossa morte corporal*, praticamente pela eternidade". (Devo dizer que o destaque é do original e que não gostei do advérbio *praticamente*. Veremos por quê.) E prossegue Charon:

"Se convencionarmos chamar de Deus o princípio da eternidade, então o que acabamos de dizer nos permite afirmar que Deus, tanto quanto o princípio da eternidade, 'existe'; e, por outro lado, cada um de nós é 'consubstancial' com Deus."

Também não gosto das aspas, das quais Charon usa e abusa para mostrar onde estão, a seu ver, os encaixes das suas teorias com as doutrinas que ele considera metafísicas.

Segundo podemos observar, portanto, sua eternidade para o Espírito é relativa e, consequentemente, Deus também o seria, se é que aceitamos seu conceito de Deus como uma convenção para substituir o "princípio da eternidade".

Prossigamos, porém. As informações de que se apossa o elétron são cumulativas e jamais se perdem, e, por isso, o "conteúdo informativo" não regride nunca, o que resulta num processo evolutivo irreversível. Isto confere com o ensinamento da Doutrina de que o Espírito não involui, embora possa estacionar por algum tempo.

Ainda segundo Charon, a estruturação dessas partículas exige a ideia de um princípio organizador estranho à matéria, de vez que as leis físicas ensinam que, abandonada a si mesma, ela caminha no sentido da *"degradação da ordem* existente no sistema inicial". (Destaque no original.)

Na página 136 ele volta ao assunto, nestes termos:

> A ordem não pode surgir senão da própria ordem. Só um espaço "ordenado" pode ser "ordenador" da matéria e fazer nascer estruturas e evoluções ordenadas desta. O Espírito não poderá, jamais, ser explicado como uma "secreção" da matéria, por mais complexa que ela seja. Atrás de cada obra-prima, é preciso haver um arquiteto.

Concordamos, mas ainda no aguardo de certas definições por parte do autor. É certo que no caso da formação do corpo humano, por exemplo, é o campo biomagnético do perispírito que funciona como "ordenador", distribuindo a matéria orgânica segundo os planos que ele traz, não apenas quanto às estruturas do corpo físico, mas também quanto à programação que pretende desenvolver na nova existência.

Aliás, Charon também fala com frequência em reencarnação, como aqui, por exemplo, à página 240:
"Isso que dizer, finalmente, que deve existir algo de muito verdadeiro e muito profundo nas teorias da reencarnação."

Na página 92 afirmara que:
"Como se deve considerar esta criação maravilhosa do organizado a partir do caos, senão como prova eloquente do psiquismo da matéria?"

Mais adiante, páginas 104 e 105, diz que há uma progressiva elevação do nível psíquico do Universo como um todo ao longo das "experiências sucessivas vividas" pelo componente espiritual da matéria.

Ou ainda, à página 250, quando declara que "a morte não é o fim da nossa participação nos processos do Universo", porque os elétrons do nosso corpo "renascem, participando da matéria de outro corpo organizado nos reinos vegetal, animal ou hominal. Eis, de alguma sorte, uma 'reencarnação' do 'eu' em novo ser vivo. No curso dessas vidas sucessivas, nada da experiência espiritual anterior é esquecida".

Pela última citação já se percebe como difere do nosso o conceito que Charon formula sobre a reencarnação. Para ele, portanto, não é o Espírito como individualidade organizada e consciente, tal como o entendemos, que se reencarna, mas as tais "partículas espirituais" situadas nos elétrons. Isso porque ele acha que cada uma dessas partículas é um indivíduo autônomo, ou seja, um "Espírito", com capacidade de pensar, decidir, desejar, ordenar a matéria, desorganizá-la, comunicar-se, sobreviver etc. Em outras palavras: "nosso *eu* estaria inteiro... em *cada uma* das partículas elementares que formam nosso corpo" (pág. 139). Haveria, pois, "cerca de cem bilhões de elétrons 'espirituais' portadores do nosso 'eu' em *cada uma* das células do nosso corpo". (Esclareço mais uma vez que as aspas e os destaques estão no original.)

•

Cabe, neste ponto, uma digressão para confronto.
André Luiz informa em *Evolução em dois mundos*, primeira parte, cap. 1, item "Cocriação em plano menor", o seguinte:

> [...] as Inteligências humanas que ombreiam conosco utilizam o mesmo fluido cósmico, em permanente circulação no Universo, para a Cocriação em plano menor, *assimilando os corpúsculos da matéria com a energia espiritual que lhes é própria,* formando assim o veículo fisiopsicossomático em que se exprimem ou cunhando as civilizações que abrangem no mundo a Humanidade Encarnada e a Humanidade Desencarnada.

Mais adiante, no mesmo livro, cap. 8, discorrendo sobre as "Acumulações de energia espiritual", diz ele:

> Por intermédio dos mitocôndrios, que podem ser considerados *acumulações de energia espiritual, em forma de grânulos,* assegurando a atividade celular, a mente transmite ao carro físico a que se ajusta, durante a encarnação, todos os seus estados felizes ou infelizes, equilibrando ou conturbando o ciclo de causa e efeito das forças por ela própria libertadas nos processos endotérmicos, mantenedores da biossíntese.

Pouco antes, no cap. 6, item "Concentrações fluídico-magnéticas", informara André Luiz que...
"Os cromossomos, estruturados em grânulos infinitesimais de natureza fisiopsicossomática, *partilham do corpo*

físico pelo núcleo da célula em que se mantêm e *do corpo espiritual pelo citoplasma* em que se implantam." (Destaque do articulista.)

Allan Kardec tratou do assunto mais especificamente em *A Gênese*, capítulo XI — Gênese espiritual, principalmente em "União do princípio espiritual à matéria", item 10 e seguintes. Por ali se verifica que, sendo a matéria objeto e instrumento do trabalho do Espírito, era indispensável que este "pudesse atuar sobre ela". "O corpo" — escreveu ele no item 14 —, "conseguintemente, não passa de um envoltório destinado a receber o Espírito."

Ao tratar, mais adiante (item 18), do problema da encarnação dos Espíritos, informa o Codificador que

> [...] Sob a influência do *princípio vito-material do gérmen*, o perispírito, que *possui certas propriedades da matéria*, se une, *molécula a molécula*, ao corpo em formação, donde o poder dizer-se que o Espírito, por intermédio do seu perispírito, se *enraíza*, de certa maneira, nesse gérmen, como uma planta na terra. [...] (A não ser o segundo destaque, que corre por minha conta, os demais estão no original.)

Tentemos ordenar os conceitos fundamentais que emergem dessas observações.

1. O Espírito, princípio inteligente do Universo, une-se à matéria para intelectualizá-la. (*O Livro dos Espíritos*, parte 1ª, capítulo IV.)
2. A união é necessária porque os encarnados não dispõem de "organização apta a perceber o Espírito sem a matéria", pois não são para isso apropriados os seus sentidos.
3. Obviamente, portanto, o Espírito existe independentemente da matéria e esta é o laço que o prende,

o instrumento de trabalho de que ele se serve e sobre o qual, ao mesmo tempo, exerce sua ação.
4. Torna-se igualmente necessário, por isso, que o Espírito encontre na matéria os "encaixes" de que precisa para atuar sobre ela.
5. Tais encaixes ficam a meio caminho — se assim podemos expressar-nos — entre Espírito e matéria. André Luiz diz que a energia espiritual assimila corpúsculos da matéria e com isso exerce uma função menor de cocriação. Fala também em grânulos de energia espiritual.
6. Por conseguinte, conjugam-se, no ser encarnado, matéria e Espírito, num processo segundo o qual a molécula perispiritual une-se à molécula material num sistema de convivência no âmbito dos cromossomos, que estão encaixados no corpo físico pelo núcleo da célula e no corpo espiritual pelo citoplasma.

•

Feita a digressão que já vai longa, voltemos a Charon, que prossegue impávido a explicar que quando pensamos são os elétrons que pensam por nós e quando eles pensam, nós pensamos. Por isso, sugere ele que em vez de dizer "Eu penso" o correto seria despersonalizar o verbo, dizendo "Pensa-se", da mesma forma que se diz "Chove".

Dentro dessa ordem de ideias, portanto, os elétrons que, no momento, constituem o meu corpo físico teriam na memória a lembrança de todas as experiências que viveram anteriormente em milhões e milhões de seres vivos, pois "tendo participado de uma árvore, um homem, um tigre e depois novamente de um homem — lembrar-se-á sempre de suas experiências vividas no passado".

Não obstante, diz ele também (pág. 196):

"O Espírito só pode nascer simultaneamente com a matéria e desaparecerá com ela."

Daí a sua "eternidade relativa", ou sobrevivência relativa. À página 244, ao declarar que para entender o mundo deveremos buscar um modelo cosmológico que nos dê notícia da história da matéria, escreve: "pois, como já observamos, não existe aventura do Espírito que possa ser *independente* da aventura da matéria".

Não resta dúvida, portanto, que para ele a duração do que ele chama de Espírito está limitada à duração da matéria; e esta, em vez de ser uma simples muleta de que ele se serve nos estágios iniciais de sua evolução, é condição sem a qual o Espírito não existiria.

Seja como for, segundo Charon, enquanto durar a matéria, os elétrons continuarão a circular pelo Universo "reencarnando-se" sucessivamente em diferentes seres temporais. Tais seres seriam meras máquinas assim concebidas:

"Toda 'máquina', chamada mineral, vegetal, animal ou humana, em nossa linguagem de homens, é uma sociedade de *éons*."

Assim, em contraste com a Sociologia, de acordo com a qual o homem seria a máquina de preservar genes, pensa Charon que somos meros portadores de elétrons pensantes e autônomos. Com a agravante de que o homem ainda não é a "máquina última", como também não foi a primeira. Outras formas virão, sempre como veículos dos elétrons, os verdadeiros "donos" do Universo, de vez que, conjuntamente, são a consciência, a sabedoria e a vontade universais.

Se entendi bem, nem Deus seria necessário no esquema da Física neognóstica, que passaria a ser um nome

eufemístico para identificar "o princípio da eternidade" (relativa, não nos esqueçamos). Aliás, é o que está dito à página 207:
"Quem teria criado a energia existente no Universo? Não houve necessidade de ser 'criada', porque ela é, de início, e assim permanecerá, eterna e rigorosamente nula."
Isso porque "'O balanço energético' das três fases da matéria (matéria cosmológica, raio negro e matéria particular) é sempre algebricamente nulo".
Ao que depreendo, Charon exclui Deus com um punhado de fórmulas matemáticas (que não entendo), acrescentando, pouco depois (pág. 215), que "nosso Universo nasceu a partir de outro Universo, também acessível à descrição da Física (o que não é o caso de um ato 'divino')".
Informo que as palavras entre parênteses e as aspas em *divino* são do original. Informo ainda que não sei como Charon explicaria a origem daquele Universo que teria criado o nosso. Provavelmente teria nascido de um terceiro e assim por diante, o que nos levaria a concluir que há de existir um que foi o primeiro. Mas isso não é da minha conta...

•

Antes do comentário final, é necessário voltar um passo ou dois para uma tentativa de explicação neste incerto terreno da Física neognóstica.
Jean Charon nos diz que o Espírito — ou seja, o que ele entende por Espírito — localiza-se num miniburaco negro existente no elétron. Por causa disso, é levado a explicar — e o faz muito bem — o buraco negro (*black hole*), que é, em suma, "produzido por uma estrela que se aproxima da morte" e se extingue. Durante o processo a massa reduz-se até que, consumido todo o combustível nuclear, ela entra em agonia. "Os nêutrons, esmagados uns contra os outros, acabam por fundir-se em um único magma de enorme

densidade." É essa tremenda concentração que provoca uma curvatura no espaço, que se vai aprofundando à medida que cresce a densidade da estrela agonizante.

"A certo momento" — prossegue Charon — "o espaço literalmente 'cola-se' à superfície da estrela, o que significa que o espaço 'fecha-se' em torno dela, encerrando-a numa espécie de bolsão. Estamos, então, na presença de um buraco negro."

Daí em diante, tudo é mistério, apesar de muita especulação, porque não se sabe ao certo o que acontece ali dentro. A Ciência fica em completa escuridão. Sabe-se apenas que se criou ali um mundo diferente, e à parte do nosso, com outro tipo de espaço-tempo e propriedades inteiramente diversas, onde a sequência do tempo é negativa, ou seja, em sentido inverso à do nosso.

"Estamos visivelmente" — escreve Charon — "ante conclusões duma importância que não hesitaria em qualificar de 'dramáticas'."

É que, enquanto em nosso Universo "a evolução é processada mediante degradação contínua da informação e da ordem", as coisas se passariam lá de maneira inversa, resultando a evolução de ininterrupta acumulação de informação e crescente ordenação, o que somente pode ocorrer num "espaço pensante, espaço da memória". Como o Espírito precisa pensar e memorizar para evoluir, ele só pode encontrar condições para fazê-lo se dispuser, na matéria de que se serve, das condições existentes nos buracos negros do espaço sideral. Charon acha que tais condições existem nos miniburacos negros localizados no elétron.

Devo ter cometido inúmeras injustiças com a brilhante exposição do eminente físico francês, mas foi o que consegui apreender da sua essência. Provavelmente devido a alguma dificuldade de comunicação entre os meus elétrons e os dele...

•

Ainda que não se concorde com as teorias de Charon — e estou entre os que não concordam — há de se reconhecer nele uma inteligência extremamente versátil, brilhante, enriquecida por uma vasta cultura científica e filosófica. Escreve com elegância e argumenta com eloquência. Encontramos em suas especulações princípios e conceitos contidos na Doutrina que professamos, como a irreversibilidade da marcha evolutiva do Espírito rumo ao conhecimento, cada vez mais consciente de si mesmo e do mundo que o cerca (ver *De l'inconscient au conscient*, de Geley); o processo das vidas sucessivas; a evolução coletiva em paralelo com a individual e por ela impulsionada; a sobrevivência à morte física; a necessidade de um campo organizador para a matéria inerte (tarefa desempenhada no ser humano, pelo perispírito); a pluralidade dos mundos habitados e outros.

Pouco a pouco, no entanto, vamos descobrindo que palavras como Deus, espírito, reencarnação, sobrevivência, médium e outras do nosso vocabulário, ele as triturou para refundi-las em novos moldes obtidos a partir de outros conceitos ordenadores. O leitor atento começará a estranhar certas observações, mas é na aplicação da sua teoria aos exemplos práticos que melhor percebemos o verdadeiro conteúdo e o rumo das suas especulações.

Vejamos um caso concreto.

•

Para entendê-lo, precisamos nos lembrar de que, segundo a teoria de Charon, o Espírito existe exclusivamente em função da matéria num miniburaco negro situado na intimidade do elétron e que cada uma dessas partículas "espirituais", que ele chama de *éons*, contém não apenas nossa experiência total, como a experiência de todas as vivências anteriores, em todos os seres dos quais hajam participado através de milênios a perder de vista.

Dentro desse esquema, uma parte considerável dos elétrons que compunham, por exemplo, o corpo vivo de Ramsés II, há mais de 3.000 anos, estão ainda contidos na sua múmia. Segue-se que tais partículas seriam "capazes de revelar o pensamento do Faraó defunto".

Charon adverte que, embora isso pareça brincadeira, ele está falando sério: "é exatamente (ou quase) a conclusão lógica à qual chego, se levar em conta minhas pesquisas sobre a presença do Espírito nas partículas elementares".

Como o "eu" do Faraó estava integralmente em cada um dos seus bilhões de elétrons, lá estariam também suas lembranças, seus pensamentos, bem como memórias de seus ancestrais — árvores, bichos e gente — e, assim por diante, até a origem do Universo. Aliás, os elétrons que integram o corpo do famoso Faraó, e que persistem em sua múmia, dispõem de conhecimento infinitamente superior ao do próprio Ramsés, porque trazem na memória — segundo Charon — o aprendizado de inúmeras "reencarnações" nos reinos da Natureza.

Seria possível comunicar-se com os elétrons? Charon acha que sim. Bastará "ler" a gravação codificada que ali estaria guardada. Não sei por que, no entanto, Charon acha que "na morte os elétrons do que foi nosso corpo ficam num estado semelhante ao do sono profundo" (pág. 149). Significaria isso que eles somente despertariam quando integrando um corpo mineral, vegetal ou animal? Estranha, para mim, essa posição de aprisionamento e inatividade para os todo-poderosos elétrons... Diz o autor, porém, que eles ficam entregues a si mesmos, "dedicados a um pensamento puro interior", ocupados mais da reordenação do conteúdo espiritual já adquirido do que da aquisição de novas informações. Mas e os elétrons que se desprenderam do corpo quando "em vida" ou mesmo do cadáver?

Confesso-me perdido, mas prossigamos.

Daquele estado de hibernação, podem os elétrons ser excitados por um "médium". Esclareço, para evitar dúvidas, que o termo é do próprio autor e para isso é bom lembrar que, em francês, a palavra é exatamente a mesma (*médium*) na grafia, embora difira do português na pronúncia.

Logo, "nosso médium do século XX será capaz [...] de entrar em ressonância com o que resta da atividade 'síncrona' existente em *todos* os elétrons remanescentes no corpo mumificado de Ramsés". (Como sempre, destaques e aspas do original.)

Graças a essa "intervenção mediúnica, o 'eu' de Ramsés vai *reviver* por um instante, como vive nosso próprio 'eu' no curso de um de nossos sonhos, revelando alguns elementos da experiência vivida, sob forma mais ou menos simbólica, mais ou menos coerente".

Não podemos deixar de lamentar que disparates como esse sejam formulados a partir de tão complexas especulações, após mais de um século de experiências mediúnicas realizadas segundo os parâmetros recomendados pela Doutrina Espírita, cujos postulados básicos Charon não ignora, mas que, obviamente, rejeita. Ainda que fosse possível reativar e interpretar a memória dos elétrons que remanescem na múmia de Ramsés II, que experiências iriam eles transmitir ao suposto "médium"? As do Faraó, ou as de um dos milhões de seres vivos nos quais o elétron peregrinou através dos milênios?

•

A impressão que nos fica é a de que Charon pretende levar os fatos a se acomodarem às suas belas e complexas teorias. Não cometamos, porém, a injustiça de rejeitá-las em bloco. Poderemos admitir que o autor interpretou de maneira diversa o pensamento de Carrel, segundo o qual a prisão da matéria é muito exígua para o homem. Ao contrário do que pensa Charon, a vida do Espírito não está condicionada à existência da matéria. É claro, também, como diz Carrel, que precisamos nos liberar da tecnologia cega. Como é igualmente necessário, segundo Teilhard de Chardin, "integrar o homem total numa representação coerente do mundo" por meio da Física.

Uma das mais belas frases especulativas que conheço, para o meu gosto, é claro, está no *Fenômeno Humano* de Teilhard de Chardin:

"No mais fundo de si mesmo, o mundo vivo é constituído por consciência revestida de carne e osso. Da Biosfera à Espécie, tudo é, pois, simplesmente uma imensa ramificação de psiquismo que se busca através das formas."

Acrescentaríamos que, ao cabo dessa busca, o Espírito se liberta até mesmo da matéria.

Nossa inteligência, no dizer igualmente poético e brilhante de Henri Bergson (ver a Introdução de sua *L'Évolution créatrice*), "é destinada a assegurar a inserção perfeita de nosso corpo no meio ambiente, a representar-se as ligações exteriores das coisas entre si, enfim, a pensar a matéria".

Em suma, consciência que se busca por meio da forma e inteligência que pensa a matéria são coisas muitíssimo diversas de consciência e inteligência subordinadas, condicionadas, aprisionadas na matéria.

É certo que a Física precisa descobrir na matéria os encaixes por meio dos quais o Espírito serve-se dela *por algum tempo*, rumo à perfeição. Na exploração dessas fronteiras, Teilhard de Chardin avançou tanto que se chocou com as rígidas estruturas da sua Igreja. Faltou-lhe apenas a aceitação da reencarnação. Bergson atribuiu papel criador aos mecanismos da evolução. Temos, portanto, aí nesse campo especulativo, cinco franceses dos mais ilustres: Carrel, Chardin, Bergson, Kardec e Charon. Não que a gente queira ficar confortavelmente com a maioria, mas nesse concerto de ideias e de idealistas, no melhor sentido do termo, lamento concluir que Charon desafina, pelo menos nas conclusões, embora seja possível que o rumo das suas especulações esteja certo.

Acreditamos que, na exploração dessa fronteira entre matéria e Espírito, seja das mais importantes a contribuição de Charon, uma vez demonstrada a validade da sua teoria de que o encaixe para o psiquismo esteja situado na intimidade do elétron. Há de existir realmente algum ponto na matéria onde o Espírito reencarnante tenha condições de "ligar a sua tomada" para servir-se dela. Se é um mini *black hole* ou não, isso veremos mais tarde. O que nos parece, no entanto, é que Charon inverteu os termos ou os sinais da equação da vida e fez, do Espírito, escravo da matéria, e não seu senhor. Mais do que isso, ele o imagina *criatura* da matéria, vivendo somente enquanto ela existir. Não foi isso, certamente, o que pensaram seus eminentes compatriotas citados.

Sem dúvida alguma, porém, muitos se empolgarão pelas sedutoras e brilhantes hipóteses de Jean Charon, seja porque representam a palavra sempre acatada da Ciência, seja porque respondem a indagações íntimas ou se sintonizam com importantes correntes do materialismo sofisticado do nosso tempo.

Quanto a mim — e evidentemente não falo aqui pelos espíritas — vejo em Charon, com todas as evidentes limitações culturais que me pesam, um passo importante na exploração das fronteiras Espírito/matéria. Arrisco a opinião de que ele extraviou-se em algum ponto do caminho, como se houvesse despenhado num dos traiçoeiros *black holes* do vasto universo das ideias. Nesse mundo de sinais trocados, ele aprisionou ainda mais o homem na matéria inerte em vez de liberar-nos da cega tecnologia de que se queixava Carrel, deixou-se dominar por ela. Por isso, não nos deu ainda a "representação coerente do mundo", como queria Chardin.

Mas não nos desesperemos. É assim mesmo: só chegamos à Verdade por aproximações sucessivas. Enquanto isso, o Espírito continua a ser, para a Ciência, o grande desconhecido.

"XEROX" DE GENTE

Com muitos dos habituais ingredientes das narrativas de ficção científica, a história (verídica) começou a desenrolar-se em setembro de 1973, quando David M. Rorvik, escritor especializado em assuntos de Ciência, recebeu, na sua residência campestre em Montana, um enigmático interurbano de Nova Iorque. O homem ao telefone identificou-se como admirador do jornalista, demonstrando conhecer bem a sua obra e a de outros autores. Confessou-se já adiantado em anos, mas ainda vigoroso. Seu interesse maior localizava-se na área da Engenharia Genética. Gostaria de explorar "todas as opções" existentes e declarou que dificilmente se encontraria alguém mais afinado com o pensamento de Rorvik do que ele. Por que não se encontravam para uma conversa a fim de discutir assuntos e interesses comuns?

O escritor estava em guarda. Quem seria aquele sujeito e o que realmente desejava dele? Enfileirou algumas razões válidas para recusar o encontro. Além do mais, estava empenhado, no momento, em escrever um artigo encomendado e já atrasado. Não dispunha de tempo, mesmo porque era um *free-lancer*, isto é, profissional autônomo, para o qual o tempo era uma das matérias-primas com a qual ganhava a vida.

Mas o homem insistia: provavelmente *ele* teria uma tarefa remunerada para Rorvik. Carta? Não. Era cedo para colocar as coisas no papel; ele preferia, antes, conversar pessoalmente. Aliás, estava com um compromisso marcado para a semana seguinte na banda ocidental dos Estados Unidos e podiam encontrar-se ali mesmo em Montana. Que tal?

Rorvik alinhou nova série de desculpas e evasivas. A longa conversa telefônica encerrou-se com uma frase de impacto:

— Você poderá ser, neste momento, a pessoa mais importante do mundo. Tenha cuidado!

Que seria aquilo? Elogio? Ameaça? Advertência?

Seja como for, o diálogo deixou o escritor perturbado. Nenhuma definição específica sobre quem era o homem e o que realmente desejava. Seria um maníaco com a cabeça cheia de fantasias, empenhado na tentativa de envolver Rorvik num esquema alucinado? Havia, por outro lado, um tom de confiança e lucidez na sua voz e na sua conversa. Tratava-se, por certo, de homem instruído e habituado ao comando. Sabia de descobertas e experiências que ainda não haviam alcançado os veículos de comunicação, inclusive o processo da manipulação de genes com o objetivo de criar novas formas de vida. Dizia-se solteirão, vitorioso homem de negócios e desejava um *herdeiro masculino*, evidentemente não pelos métodos naturais, pois, nesse caso, não precisaria da ajuda de Rorvik. Que outras "opções" tinha ele em mente? Seria "aquela" opção?

Na semana seguinte ele ligou de novo para insistir no encontro que poderia ser em Montana mesmo ou em San Francisco. Ele pagaria a passagem de avião, é claro.

Mantinha-se, ainda, evasivo quanto ao seu nome e às suas pretensões. O escritor não conseguia que ele fosse mais específico e menos misterioso. Tentou descartar-se, dizendo que, se o problema era ter um filho homem, ele poderia simplesmente consultar determinado médico da Universidade de Columbia para ter todas as suas perguntas respondidas com precisão e competência, pois há uma técnica para isso.

A resposta foi desconcertante. Sim, ele queria um filho, mas "não era exatamente um filho".

A essa altura, Rorvik tornou-se algo rude, deixando romper os diques da impaciência. Houve uma pausa e o homem do outro lado da linha começou a falar dos artigos nos quais Rorvik discutia o processo de clonização, ou seja, a reprodução de plantas, animais e, teoricamente, de seres humanos, *sem* a união de duas células sexuais, caso em que a planta ou o ser produzido seria uma cópia exata, como gêmeo idêntico do original.

Após esse preâmbulo, o homem despachou a sua "bomba" de uma só vez: estava disposto a gastar um milhão de dólares ou mais para obter uma cópia exata de si mesmo. Caberia a Rorvik reunir a equipe de técnicos capazes de realizarem a façanha. Negociariam um contrato de prestação de serviços tão logo pudessem conversar pessoalmente.

Embora o escritor houvesse suspeitado de que o objetivo do homem pudesse ser aquele, ele achara a coisa fantástica demais para que alguém desejasse tentá-la. Clonizar gente era uma espantosa e remota possibilidade num contexto de pesquisa no qual tudo parecia um tanto irreal, como o da Engenharia Genética. Ademais, seria caso de fazê-lo por dinheiro?

O misterioso cidadão ao telefone sugeriu que Rorvik não tomasse nenhuma decisão precipitada. Teria tempo para pensar. Dentro de alguns dias ele chamaria de novo e então voltariam ao assunto.

A pausa para pensar era de fato necessária, mas Rorvik somente concordaria em retomar o assunto se o homem se identificasse. Ele queria, pelo menos, estar certo de que o incrível projeto fosse mesmo para valer, e não o trote inconsequente de algum doido. O homem disse o nome que, aliás, nada significava para Rorvik. O escritor achava que um cidadão disposto a jogar um milhão ou mais numa aventura dessas teria que ser uma celebridade no mundo dos negócios. Pois não era.

Rorvik desligou o telefone com uma sensação de irrealidade. O homem dizia coisas tremendas com a voz mais tranquila e segura do mundo. Não era um agitado e incoerente lunático. Falava bom inglês e sabia dizer o que queria e, sem dúvida alguma, sabia querer o que dizia. Isso, porém, em vez de simplificar a situação, tornava-a mais grave e difícil, pois introduzia na vida de Rorvik um fator de incerteza e desarrumação. Por outro lado, havia aspectos éticos importantes em jogo, além de seu prestígio profissional, pois, se o projeto resultasse numa dessas rematadas loucuras de algum excêntrico, ele perderia sua credibilidade, duramente construída ao longo dos anos. Quem seria, afinal, aquele homem?

Rorvik lembrou-se de um colega que trabalhava para uma publicação financeira em Nova Iorque e ligou para ele. O amigo não tinha informações muito amplas, mas sabia algo sobre o estranho indivíduo. A pessoa existia, sim, informou ele. E era, no seu dizer, *very big* em determinado ramo industrial. Consultando rapidamente uma ficha, forneceu mais alguns dados históricos sobre o homem, que tinha reputação de ser extremamente hábil em orquestrar complexas operações de fusão de empresas. Era pessoa que não temia dificuldades de competição e tinha o cuidado de manter-se, tanto quanto possível, no anonimato.

Duas perguntas restavam na mente de Rorvik, ou melhor, uma pergunta só, com várias pontas soltas: "*Poderia* aquilo ser feito e, mais importante ainda, *deveria* ser feito?" Se as respostas fossem *sim, sim*: "*Deveria* ele, Rorvik, envolver-se no projeto?"

Na sua opinião, a Humanidade já tem problemas demais por causa do seu crescente desligamento das bases naturais da vida, que ele identifica como "ar-terra-água", estando já muito envolvida com substâncias sintéticas, pré-embaladas e manipuladas pelos meios de comunicação. Ou seja: a vida já está ficando muito artificial. A clonização seria um golpe a mais para a perplexa mente de muitos milhões de criaturas, ao preconizar a criação de seres humanos igualmente sintetizados, plastificados, como "xerox" de gente. A óbvia conclusão seria a de que tais criaturas, produzidas mediante rígidas especificações, como o pão industrializado, seriam, também, desprovidas de alma. Pelo menos era o que muitos pensariam.

•

A despeito de tudo, David Rorvik acabou concordando em ir a San Francisco para conversar com o misterioso milionário. Ainda um tanto inseguro quanto ao episódio que estava vivendo, teve a "paranoica preocupação" de informar a um amigo de confiança o nome da pessoa com quem iria encontrar-se. Tudo era possível num clima desses.

O industrial morava numa imponente e moderna mansão construída sobre uma elevação do terreno. Mandaram-no entrar e esperar num amplo escritório forrado de livros. Aguardasse ali alguns minutos, por favor.

Quando o dono da casa entrou, Rorvik observou que ele era bem mais alto e aparentemente mais jovem do que ele imaginara. Parecia ter uns 50 anos, no máximo 55, e não os alegados 67. Vestia-se discretamente de terno e gravata e usava óculos de aros metálicos. Os cabelos eram escuros, grisalhos e curtos. Era fácil de ver-se que tinha confiança em si mesmo e estava habituado a ser obedecido. Após a vaga conversação inicial, entraram firme no assunto que os reunira. Durante horas estiveram naquela casa a discutir o problema. Pedira que o chamasse simplesmente de Max.

Como Rorvik insistisse numa exposição detalhada e franca das suas motivações, Max contou, com algum embaraço, um pouco da sua história pessoal e do mistério das suas origens. Órfão ou abandonado pelos pais, passara, em criança, por uma série de lares adotivos. Achava que ter um filho era coisa muito importante — pelo menos "tão importante como dirigir um carro", para o que se exige permissão e habilitação específicas, como declarou Francis Crick, o Prêmio Nobel. Ele queria um herdeiro, mas não desejava expô-lo aos azares da Genética. Em suma: morreria em paz (expressão que usou mais de uma vez) se pudesse ser o primeiro ser humano a "reconstruir-se", ou seja, "nascer de novo" num outro ser que teria, assim, a origem bem definida que lhe faltara. Acreditava que, dessa maneira, sua identidade poderia ser transferida para o seu rebento clonal. Haveria em tudo isso um risco: o de a criança resultar roubada da sua própria identidade, frustrada no seu desejo de ser ela mesma.

Considerava, também, a probabilidade de conseguir, dessa maneira, "enganar o destino" e, "possivelmente, estender sua consciência além das fronteiras que a Natureza parece ter imposto".

Como o leitor percebe, Max estava pensando em sobreviver à morte na pessoa de uma "xerox" de si mesmo. Aliás, é o que deixa consignado Rorvik neste trecho, que traduzo:

— Tem sido aventada a ideia de que os participantes de uma só clonização poderiam experimentar uma desusada empatia, quase telepática e presciente. Admitiu-se mesmo a ideia mística de que a noção consciente do mundo poderia, de certa maneira, sobreviver à morte do corpo, localizando-se na consciência clonizada.

Em outras palavras: uma vez conseguida a reprodução clonizada de várias pessoas, todos os que integrassem aquele conjunto de indivíduos da mesma origem biológica estariam intimamente ligados entre si, como se se utilizassem de uma só mente repartida entre eles.

Vamos dar uma parada na apreciação do livro de David Rorvik,[13] para examinar mais de perto o problema da clonização.

•

Basta o leitor recorrer à sua Biologia ginasial para saber que quase todas as células do corpo humano têm no núcleo um jogo completo de 46 cromossomos nos quais está gravado o código genético do indivíduo. Quase todas e não todas porque as células específicas da reprodução — o óvulo, na mulher, e o espermatozoide, no homem — têm apenas *metade* dos cromossomos, isto é, 23, motivo pelo qual o mecanismo da geração de um novo ser somente é ativado quando essas duas células se unem. A não ser, pois, estas células, digamos *incompletas*, todas as demais dispõem da informação necessária para reproduzir um corpo físico.

Daí a hipótese aventada de que se for possível, por um processo delicadíssimo de microcirurgia, retirar o núcleo de uma célula — qualquer célula, menos a sexual — sem

---

[13] *In His Image (À sua imagem)*, de David M. Rorvik, edições Hamish Hamilton Ltd., Londres, 1978, e First Sphere Books, 1978.

danificá-lo e colocá-lo dentro de um óvulo, do qual também houver sido extraído o respectivo núcleo, estaremos ante a probabilidade de desencadear o processo reprodutivo. Naturalmente que o ser resultante seria geneticamente idêntico ao doador do núcleo implantado, sem nenhuma herança genética da mulher que doou o óvulo, pois o código se acha gravado no núcleo da célula, onde se encontram os genes, e não no citoplasma. A contribuição genética da mãe se tornaria, nesse caso, desnecessária, porque o núcleo retirado do doador já traz a programação completa nos seus 46 cromossomos.

Daí partiram as especulações mais fantásticas. J. B. S. Haldane, considerado um dos mais brilhantes cientistas deste século, imaginou clonizar gente com algumas "características desejáveis" especiais, como insensibilidade à dor, capacidade de excluir seletivamente da audição os ultrassons, visão noturna, estatura diminuta etc. Tudo, como se vê, com finalidades estratégico-militares. (Ninguém imagina criar, por exemplo, um indivíduo mais compassivo, mais resistente ao mal, e assim por diante.) Jean Rostand, famoso biologista francês, acha que a clonização poderia ser usada para promover a imortalidade por meio de uma série de indivíduos que iriam sendo substituídos como exemplares usados de um livro por uma nova edição do mesmo livro. O Dr. Joshua Lederberg, Prêmio Nobel, achou possível eliminar o hiato das gerações (*generation gap*), de vez que, em virtude da similaridade das células neurológicas entre doadores e clonizados, seria possível passar o conhecimento diretamente de uns para outros. O Dr. Elof Axel Carlson, da UCLA, sugeriu a clonização de alguns mortos importantes, a fim de trazê-los de volta à vida. Acha mesmo viável "reconstruir" o Faraó Tutancâmon a partir de DNA residual ainda existente em sua múmia. O Dr. James Danielli sugere colocar em ambientes diversos cópias idênticas do mesmo indivíduo, a fim de dirimir a velha controvérsia acadêmica que arde em torno do dilema: seria o caráter produto do meio ou da hereditariedade? Já o Dr. James Watson, outro Prêmio Nobel, acha que a clonização humana será o fim da civilização ocidental se não forem tomadas providências para impedi-la.

Tais especulações adquiriram impulso no princípio da década de 1960, quando o prof. F. C. Steward e seus colegas da Cornell conseguiram obter brotos e raízes minúsculas a partir de células individuais retiradas da cenoura. Colocados na terra, esses brotos e raízes vingaram e produziram cenouras perfeitamente normais.[14]

Daí se admitiu que, sendo possível clonizar legumes, nada impede que, em teoria, seja também possível clonizar gente. Tanto quanto sabemos, ninguém, até o momento, está cogitando do Espírito. Todos esses geniais cientistas estão convictos de que o ser humano é apenas um aglomerado celular criado por um feliz conjunto de acasos evolutivos e mantido por um processo meramente bioquímico, ainda que da mais alta complexidade.

Em consequência, alguns apologistas da clonização fizeram um levantamento, indicando certas aplicações vantajosas para o método. Vejamos umas poucas:

- Reprodução de indivíduos geniais ou excepcionalmente belos, a fim de melhorar a espécie humana e "tornar a vida mais agradável".
- Reprodução dos mais sadios, visando a excluir o risco das doenças genéticas implícito na "loteria da recombinação sexual".

---

[14] Clonização deriva do termo grego *klon*, broto, ramo, galho. É, portanto, basicamente, um processo de enxertia.

- Obtenção de amplas quantidades de seres humanos geneticamente idênticos, de modo a permitir o estudo da influência do meio na formação do caráter.
- Obtenção de filhos pelos casais inférteis.
- Obtenção de crianças previamente especificadas à escolha dos seus responsáveis — genes de alguém famoso, de um parente morto, de um só dos esposos etc.
- Controle do sexo dos filhos.
- Produção de seres idênticos para tarefas especiais que exijam comunicação de natureza telepática "na paz e na guerra (não excluindo a espionagem)".
- Produção de réplicas embrionárias de cada pessoa e que, armazenadas em congelador, serviriam para uso eventual como "peças de reposição" em transplantes.
- Suplantação dos russos e chineses, de modo a prevenir o hiato clonal (*cloning gap*).

Como se observa, uma loucura total, em clima de autêntica ficção científica, da mais aterradora, tudo no pressuposto de que o ser humano é apenas matéria. Dentro desse esquema, para o qual só uma palavra seria adequada — *diabólico* —, seríamos todos criaturas sem alma, sem compromissos espirituais, programáveis em computadores e manipuláveis à vontade, segundo as fantasias e a estranha moral dos brilhantíssimos mestres da Engenharia Genética.

Já há mesmo quem especule sobre a existência futura de exagerada demanda para genes especialmente desejáveis, como os de Mick Jagger, John Kennedy e outros.

"Um pedaço de pele" — escreve Rorvik — "poderia, de repente, valer uma fortuna no mercado negro da clonização."

Dessas especulações e de inúmeras outras ainda mais desvairadas, emergiu um novo ramo de especialização intelectual: a Bioética, que tem por finalidade discutir e, eventualmente, disciplinar, já que não teria poderes para prevenir, ou impedir, o inevitável envolvimento da pesquisa com os aspectos éticos da vida. Como por exemplo: o cientista é livre para tentar qualquer experiência, mesmo que contenha implicações de impacto previsivelmente negativo nos mecanismos que o processo evolutivo construiu ao longo dos milênios? E se criar um monstro? Ou um bacilo rebelde a qualquer droga inibidora? Ou uma mutação totalmente indesejável no ser humano?

•

Voltemos agora ao fio da nossa conversa.

Em princípio, toda a tecnologia necessária à clonização de um ser humano já existia ou estava a um passo de ser criada. Max queria um herdeiro masculino clonizado, cópia fiel de si mesmo, e assegurava que dinheiro não seria problema. Cabia, portanto, a Rorvik reunir a equipe capaz de realizar a proeza que consistiria, esquematicamente, no seguinte:

- Conseguir um óvulo humano sadio. (Max desejava que a mulher fosse jovem, bonita e virgem.)
- Extrair-lhe o núcleo e substituí-lo por um núcleo de uma célula não sexual de Max.
- Conseguida a "fecundação" *in vitro*, isto é, em laboratório, reimplantar o ovo, já em desdobramento celular, no organismo da mesma jovem ou de outra, desde que o ciclo reprodutivo estivesse na fase certa.
- Acompanhar cuidadosamente a gestação.
- Fazer o parto.

Depois de muitos contatos, marchas e contramarchas, Rorvik conseguiu persuadir um grande nome da Ciência médica a aceitar o encargo. Como sua identidade também teve de ser preservada no anonimato, Rorvik chama-o simples (e significativamente) de Darwin.

Em reunião realizada no rancho de Max no sul da Califórnia (ele tem uma coleção de residências pelo mundo afora), o assunto foi exaustivamente debatido. Impraticável seria para nós examinarmos no exíguo espaço de um artigo meramente informativo todas as ideias "atiradas à mesa".

Não resisto, porém, ao apelo íntimo de abrir uma exceção para destacar um dos aspectos abordados.

O médico que Rorvik chama de Darwin não acha que a clonização seja um processo inatural. Segundo ele afirma, "o mundo está cheio de partenogenones,[15] e a maioria deles surge sem a ajuda do homem". Tais seres, cuja formação não é muito diferente da que produz clones, resultam dos chamados "partos virginais" (*virgin births*), ou seja, criaturas geradas exclusivamente pela mãe. O fenômeno tem sido observado em muitas espécies e foi até mesmo induzido artificialmente em mamíferos no princípio da década de 1930 pelo Dr. Gregory Pincus, que mais tarde se tornaria famoso como um dos "pais da pílula anticoncepcional".

Segundo Darwin, há certa quantidade de partenogenones humanos. A Dra. Helen Spurway, especialista em Eugenia e Biometria do *University College*, de Londres, assegurou que uma em cada um milhão ou dois de mulheres seria provavelmente nascida de mães virgens por autofecundação do óvulo sem interferência do fator masculino.

Convém lembrar, para esclarecer, que somente a célula reprodutiva masculina contém o cromossomo Y, capaz de criar um ser do sexo masculino. No óvulo, em vez da dupla XY do homem, existem dois X (XX).

•

---

[15] Partenogenone é o ser nascido de mulher virgem.

Retomemos, uma vez mais, o fio da narrativa.

Em local não identificado, com pessoas não identificadas, por meios não claramente descritos, tudo isso por óbvias razões de proteger o anonimato, começou a desenrolar-se o drama da criação clonal de um ser humano. Num país que suponho (não me perguntem como nem por quê) ser localizado no sudeste asiático, foi montado um moderníssimo laboratório de pesquisa anexo ao hospital ali mantido pela organização agroindustrial de propriedade de Max. Darwin e uma dupla de assistentes conseguiram um dia — cerca de dois anos e alguns milhões de dólares depois — chegar às condições desejadas e ansiosamente esperadas.

O óvulo de uma jovem sob o belo nome-código de Sparrow (Andorinha) "aceitou" o núcleo de uma célula de Max (sem nenhum contato sexual naturalmente). Não me ficou bem claro, mas o núcleo parece ter sido extraído de uma célula cancerosa que, pela sua maior velocidade de reprodução, mais facilmente se sincronizaria com o ritmo duplicador da célula sexual. O ovo começou a duplicar-se normalmente em ambiente de cultura apropriado. Em seguida, no ponto certo, foi reimplantado no útero da jovem que também o aceitou sem rejeição e a gestação prosseguiu tranquila, sob a mais intensa vigilância da equipe. Com a necessária antecipação, a moça foi levada para algum ponto dos Estados Unidos, onde a criança nasceu em dezembro de 1976.

Sparrow, uma jovem de grande beleza, e não menos marcante personalidade e inteligência, não permitiu que se filmasse o evento, como queriam, pois seria "imodesto" fazê-lo. Concordou, porém, em que um gravador ficasse ligado para documentar o primeiro vagido do primeiro ser humano clonizado.

Seria impraticável, a meu ver, descrever a cena final da aventura milionária sem reproduzir literalmente as palavras de David Rorvik:

— Sparrow disse que desejara que a criança chegasse no Natal — que ainda estava a duas semanas. Max sentia-se visivelmente feliz de que houvesse acontecido aquilo em 1976 — sua contribuição ao bicentenário americano, disse ele. Darwin estava radiante. Mary (assistente de Darwin) parecia quase beatífica. Max sentara-se à beira da cama de Sparrow. Ela segurava a criança envolvida num pequeno cobertor, junto ao seio. Não era, pensei eu, exatamente um núcleo familiar. Mas era uma cena emocionante aquele velho, aquela menina e aquele estranho bebê. Fiquei a imaginar o que aquela enrugada criaturinha estaria a ver. E o que poderia saber. E se seria um bravo.

•

Uma palavra final, para concluir.

De minha parte, aceito, em boa-fé, a realidade desse menino. Seria injurioso tomar o livro de Rorvik como disfarçada ficção científica escrita de maneira especial para criar as aparências da realidade. É mais correto — é inevitável — aceitá-la como realidade imitando a ficção mais imaginosa. Suas implicações são tremendas e, infelizmente, muitos milhões de seres estão despreparados para absorver esse impacto sem grandes abalos. Aqueles que continuam a pensar obstinadamente que o ser humano não passa de uma construção meramente bioquímica, ainda que terrivelmente complexa, vão achar que a Ciência acaba de confirmar o materialismo biológico. Mais uma vez, pensarão, o homem agiu como Deus e *criou a vida...*

O menino clonizado é, sem dúvida, uma "xerox" humana de Max, gerado no organismo de Sparrow, a partir de um núcleo celular extraído do corpo de seu pai (Pai?). Max acha que ele será também igual a ele, idêntico, psicológica, moral e intelectualmente, e que, no bebê clonizado, ele, o velho Max, vai sobreviver na consciência partilhada.

Darwin e creio que até Rorvik hão de admitir esses conceitos ou coisa muito semelhante, pois vivem todos dentro do mesmo contexto materialista. Não é sem razão que o livro se chama *À sua imagem*.

Não sei o que pensa Sparrow. O livro reproduz dela um mero "retrato falado", mesmo assim, bastante impressionante. Sinto no seu espírito insuspeitadas profundidades e não seria surpresa se um dia viéssemos a saber que ela é senhora de milenar sabedoria. Eis a esperança.

Quanto ao seu filho (Filho?), não há dúvida: ali está um Espírito que, encontrando reunidas as condições mínimas exigidas pelas Leis Divinas, reencarnou-se para uma importante tarefa, qual seja, a de demonstrar quão misteriosos são os desígnios de Deus e infinita a sua sabedoria que por toda parte criou alternativas para o maravilhoso processo de renovação da vida.

— Não há nada que a Natureza tanto deseje — disse Darwin a certa altura — quanto um bebê.

Um dia, quando o homem descobrir que nem a sua arrogância é maior do que a Misericórdia de Deus, ele perceberá que, em vez de criar um ser inteligente, apenas descobriu um método que Deus havia criado para nos oferecer o maior número possível de opções entre as muitas que deixou abertas para que possamos chegar de volta a Ele.

"Dom gratuito de Deus é a vida eterna" — disse Paulo aos romanos. (*Romanos*, 6:23.)

NAS FRONTEIRAS DO ALÉM				
EDIÇÃO	IMPRESSÃO	ANO	TIRAGEM	FORMATO
1	1	1994	10.000	12,5x17,5
2	1	1995	5.000	12,5x17,5
3	1	2005	500	12,5x17,5
4	1	2007	1.000	12,5x17,5
4	2	2010	500	12,5x17,5
5	1	2011	3.000	14x21
5	2	2014	1.000	14x21
5	IPT*	2022	30	14x21
5	IPT	2022	30	14x21
5	IPT	2023	150	14x21
5	IPT	2024	50	14x21

*Impressão pequenas tiragens

O LIVRO ESPÍRITA

Cada livro edificante é porta libertadora.

O livro espírita, entretanto, emancipa a alma nos fundamentos da vida.

O livro científico livra da incultura; o livro espírita livra da crueldade, para que os louros intelectuais não se desregrem na delinquência.

O livro filosófico livra do preconceito; o livro espírita livra da divagação delirante, a fim de que a elucidação não se converta em palavras inúteis.

O livro piedoso livra do desespero; o livro espírita livra da superstição, para que a fé não se abastarde em fanatismo.

O livro jurídico livra da injustiça; o livro espírita livra da parcialidade, a fim de que o direito não se faça instrumento da opressão.

O livro técnico livra da insipiência; o livro espírita livra da vaidade, para que a especialização não seja manejada em prejuízo dos outros.

O livro de agricultura livra do primitivismo; o livro espírita livra da ambição desvairada, a fim de que o trabalho da gleba não se envileça.

O livro de regras sociais livra da rudeza de trato; o livro espírita livra da irresponsabilidade que, muitas vezes, transfigura o lar em atormentado reduto de sofrimento.

O livro de consolo livra da aflição; o livro espírita livra do êxtase inerte, para que o reconforto não se acomode em preguiça.

O livro de informações livra do atraso; o livro espírita livra do tempo perdido, a fim de que a hora vazia não nos arraste à queda em dívidas escabrosas.

Amparemos o livro respeitável, que é luz de hoje; no entanto, auxiliemos e divulguemos, quanto nos seja possível, o livro espírita, que é luz de hoje, amanhã e sempre.

O livro nobre livra da ignorância, mas o livro espírita livra da ignorância e livra do mal.

Emmanuel[1]

---

[1] Página recebida pelo médium Francisco Cândido Xavier, em reunião pública da Comunhão Espírita Cristã, na noite de 25 de fevereiro de 1963, em Uberaba (MG), e transcrita em *Reformador*, abr. 1963, p. 9.

FEB editora
Livro espírita para um novo mundo
www.febeditora.com.br
@febeditoraoficial
@febeditora

Conselho Editorial:
Carlos Roberto Campetti
Cirne Ferreira de Araújo
Evandro Noleto Bezerra
Geraldo Campetti Sobrinho – Coord. Editorial
Jorge Godinho Barreto Nery – Presidente
Maria de Lourdes Pereira de Oliveira
Miriam Lúcia Herrera Masotti Dusi

Produção Editorial:
Elizabete de Jesus Moreira

Capa:
Paulo Márcio Moreira

Projeto Gráfico:
Fátima Agra

Normalização Técnica:
Biblioteca de Obras Raras e Documentos Patrimoniais do Livro

Esta edição foi impressa no sistema de Impressão pequenas tiragens, todos em formato fechado de 140x210 mm e com mancha de 100x170 mm. Os papéis utilizados foram o Off white 80 g/m² para o miolo e o Cartão 250 g/m² para a capa. O texto principal foi composto em Georgia 11/14,7 e os títulos em HelveticaNeue 15/19. Impresso no Brasil. *Presita en Brazilo.*